Sabine Zinkernagel

Wer nur auf die **Löcher** starrt, verpasst den **Käse**

Dieses Buch ist auch als E-Book erhältlich:
ISBN 978-3-86256-702-7, Bestell-Nummer 590 027E

Die Deutsche Bibliothek verzeichnet diese Publikation in der
Deutschen Nationalbibliografie; detaillierte bibliografische
Daten sind im Internet über www.d-nb.de abrufbar

Bibelzitate, sofern nicht anders angegeben, wurden der
Lutherbibel in der revidierten Fassung von 1984 entnommen
© 1985 Deutsche Bibelgesellschaft, Stuttgart

Lektorat: Dr. Thomas Baumann
Umschlaggestaltung: spoon design, Olaf Johannson
Umschlagbilder: haveseen/ShutterStock.com®; Privat
Satz: Neufeld Verlag
Herstellung: GGP Media GmbH, Pößneck

2. Auflage 2013

© 2012 Neufeld Verlag Schwarzenfeld
ISBN 978-3-86256-027-1, Bestell-Nummer 590 027

Nachdruck und Vervielfältigung, auch auszugsweise,
nur mit Genehmigung des Verlages

www.neufeld-verlag.de / www.neufeld-verlag.ch

Folgen Sie dem Neufeld Verlag auch
auf www.facebook.com/NeufeldVerlag und
in unserem Blog: www.neufeld-verlag.de/blog

NEUFELD VERLAG

n[Ⓥ]

Sabine Zinkernagel

Wer nur auf die **Löcher** starrt, verpasst den **Käse**

Aus dem Leben mit zwei besonderen Kindern

NEUFELD VERLAG

Mein besonderer Dank am Anfang dieses Buches gilt

Martin W., Maren und Angela – stellvertretend für alle ÄrztInnen und TherapeutInnen, die unseren Kindern mit Kompetenz, Geduld und Liebe Fähigkeiten entlockt haben, die wir nie für möglich gehalten hätten.

Sandra, Sven und Mike – stellvertretend für alle ErzieherInnen und LehrerInnen, die unsere Kinder so angenommen haben, wie sie sind, sie aber nicht so gelassen haben.

Erika, Susann und Elke – stellvertretend für alle, die uns immer wieder mit praktischer Hilfe und Gebet zur Seite gestanden und getragen haben.

Evi, Alex und Friedemann – stellvertretend für alle Menschen, die unsere Kinder ganz selbstverständlich mit in ihre »normalen« Kinder- und Jugendgruppen aufgenommen haben.

Mama, Konstanze und Ulrike – stellvertretend für alle Mütter, die mir vorgelebt haben, dass man auch mit einem behinderten Kind sein Leben positiv gestalten kann.

Und ganz besonders

Martin – ohne deine Treue, Geduld und Kraft wäre noch wesentlich mehr als dieses Buch niemals möglich gewesen.

Jacob und Cornelius – ihr seid trotz einer definitiv nicht perfekten Mutter zwei tolle Persönlichkeiten geworden!

Inhalt

Fünf Worte

Mai 1997

Manchmal genügen fünf Worte, um einem für Monate, wenn nicht für Jahre, den Boden unter den Füßen wegzuziehen.

»Wir müssen Sie leider entlassen« – und Sie sind zu perplex, um den Sprecher darauf hinzuweisen, dass er das Wörtchen »leider« gleich mit Ihnen zusammen wegrationalisieren könne.

»Ja, ich liebe eine andere« – und Sie sind zu perplex, um zu fragen, ob das »Ja« zu der Neuen eine höhere Halbwertszeit haben werde als das, das einst Ihnen galt.

Meine fünf bodenverschlingenden Worte sprach mein Frauenarzt: »Das gibt wieder einen Hydrozephalus« – und ich war zu perplex, um ihm zu entgegnen, dass »das« in meinem Bauch nicht irgendetwas geben würde, sondern schon etwas war: nämlich mein Kind. Ob es einen Hydrozephalus bekommen würde oder nicht, konnte an dieser grundlegenden Tatsache nichts ändern.

Meistens fallen mir die richtig schlagfertigen Antworten erst mit ein paar Tagen Verspätung ein. Bei meinem Frauenarzt brauchte ich dafür anderthalb Jahre.

Nicht, weil ich sein Mediziner-Latein nicht verstanden hätte. Sondern deshalb, weil ich wohl besser wusste als er, was diese fünf Worte bedeuteten. Und zwar von unserem Jacob. Bei ihm hatte ich vor zweieinhalb Jahren genau dieselbe Diagnose erhalten.

»Hydrozephalus« heißt auf deutsch-medizinisch »Wasserkopf«. Für alle Nicht-Mediziner: Der Körper produziert laufend etwas mehr Nervenwasser, als er abbaut. Dieses kleine bisschen Zuviel drückt zuerst die Schädelknochen auseinander, so dass der Kopf unnatürlich groß und unförmig wird. Sobald dort alle Dehnungsmöglichkeiten ausgereizt sind, presst das Nervenwasser das Gehirn zusammen. Früher bedeutete das für alle betroffenen Kinder den sicheren Tod.

Früher. Oder in drei Vierteln der Länder dieser Erde, in denen es sich nur die Allerreichsten leisten können, ihrem Neugeborenen im westlichen Ausland ein High-Tech-Ventil in den Kopf einsetzen zu lassen.

Was bin ich froh, dass wir in Westeuropa leben! Natürlich ist auch unser Krankenkassen-System nicht perfekt. Auch ich hätte da noch ein paar Verbesserungsvorschläge. Aber es gehört zu den besten dieser Welt. Jacob bekam ohne ein Wimpernzucken von Ärzten oder Krankenkasse ein mehrere Tausend Euro teures Ventil eingesetzt, das alles überschüssige Nervenwasser in den Bauchraum ableitet. Dort wandelt es der Körper in Pipi um. In der Windel fällt dieses kleine bisschen Nervenwasser gar nicht mehr auf.

Problem gelöst. Sagten mir damals die Ärzte. Anfangs haben wir ihnen geglaubt. Jacob war unser erstes Kind; wir hatten keine Ahnung, auf welche Kennzeichen einer gesunden Entwicklung wir hätten achten müssen. Auch der Kinderarzt kam erst nach einem halben Jahr darauf, dass unser Ältester sich bei weitem nicht »normgerecht« entwickelte. Und verschrieb uns Krankengymnastik. Später kamen noch Logopädie und Frühförderung dazu. Alles finanziert von der Krankenkasse. Weil es so selten gesagt wird, tue ich das hiermit einmal: Danke!

Was die Krankenkasse nicht lösen kann, ist mein dadurch entstandenes Zeitproblem. Zu den ganz alltäglichen Aufgaben einer Hausfrau und Kleinkind-Mutter kommen bei mir eine ganze Menge weiterer Termine: Pro Monat einmal in die Klinik zur Ventilkontrolle, einmal zum Kinderarzt zur Entwicklungskontrolle, einmal zum Augenarzt zur Augeninnendruck-Kontrolle. Pro Woche einmal zur Logopädie, einmal zur Ergotherapie, zweimal zur Physiotherapie. Pro Tag einmal Sprach-Anbahnungs-Übungen, zweimal Feinmotorik-Training, dreimal Krankengymnastik. Dazu mehrmals täglich wickeln, füttern, umziehen, trösten, herumtragen, reden, singen, spielen, lachen. Und das Wichtigste: Bei alledem 24 Stunden pro Tag nicht durchdrehen.

All das jetzt also im Doppelpack.

Ganz nebenbei habe ich auch noch Multiple Sklerose. Die hält sich zwar ziemlich zurück – »Gott sei Dank« im wahrsten Sinne des Wortes. Mein Neurologe rät mir lediglich, mich zu schonen.

Wie das funktionieren soll, weiß der Himmel. Ich kann nur hoffen, dass wenigstens der es weiß.

Offener Brief an Gott 1

Mai 1997

... wenn der Himmel es weiß ... Nun, da du ein allwissender Gott bist, musst du es ja wohl wissen. Und du weißt sogar noch viel mehr.

Natürlich weißt du, dass bei der Zeugung meines Kindes das kranke Gen in der befruchteten Eizelle steckte. Natürlich weißt du, dass das Kind in meinem Bauch nie eine Chance auf ein eigenständiges Leben haben wird. Natürlich weißt du, dass ich mir das alles ganz anders vorgestellt habe. Natürlich weißt du, dass mein Leben ab jetzt völlig anders aussehen wird als geplant – und nicht gerade besser.

Und obwohl du das alles gewusst hast, hast du das alles zugelassen.

Wer bist du eigentlich?

»Gott ist die Liebe«, steht in der Bibel. Eigentlich glaube ich das ja auch. Nicht nur, weil es in der Bibel steht. Sondern auch, weil ich es immer wieder so erfahren habe. Ich habe mit begeistertem Herzen unzählige Lieder darüber gesungen, habe dir immer wieder im Gebet dafür gedankt. Ich habe Anspiele dazu geschrieben und immer wieder erzählt: Gott liebt jeden Menschen.

An diesem Satz will ich ja gar nicht rütteln. Ich muss ihm nur drei kurze Worte anhängen: Nur nicht mich.

Denn du musst gewusst haben, was du mir damit antust. Du kennst mich doch! Du hast gesehen, wie ich die Diagnose »MS« damals ziemlich klaglos weggesteckt habe. Du hast auch meinen inneren Kampf darum miterlebt, Jacobs Behinderung zu akzeptieren. Du weißt, dass die ganzen Arztbesuche und Therapien mich oft an den Rand meiner Belastungsfähigkeit bringen.

Und du weißt, dass Martin und ich uns ganz bewusst dafür entschieden haben, als Pfarrersfamilie dir zu dienen: Dein Wort verkündigen, in Predigten, Gesprächen, Krabbelgruppen, Kinder-gruppen, Jugendfreizeiten. Das wollten wir, das tun wir.

Und was tust du? Statt dich darüber zu freuen, schmeißt du uns einen Stolperstein nach dem anderen in den Weg.

Reicht es dir nicht, dass wir schon eine chronische Krankheit und ein behindertes Kind in der Familie haben? Musste es jetzt auch noch das zweite treffen?

Sieht so Liebe aus?

Dass in dieser Welt nicht alles glatt läuft, dass jeder sein Päckchen zu tragen hat, das ist mir schon klar. Aber das Päckchen, das ich bis jetzt zu schultern hatte, war mir schon fast zu schwer. Und nun setzt du noch eins oben drauf. Das ist definitiv keine Liebe mehr, das ist auch keine »normale Härte« mehr. Das ist Sadismus.

Was hast du dir dabei eigentlich gedacht? Vielleicht hat es dir ja sogar Spaß gemacht? Oder vielleicht sitzt du jetzt gerade oben auf deiner Wolke Nummer sieben und denkst dir den nächsten Nackenschlag für mich aus?

Und ich sitze hier unten und habe keine Chance, aus diesem Spiel auszusteigen. Obwohl – eine Chance habe ich immer, aber die will ich jetzt lieber nicht genauer andenken. Das würde ich Martin auf keinen Fall antun. Also muss ich dein Spiel mitspielen. Aber du kannst nicht auch noch verlangen, dass ich das weiterhin mit Begeisterung tun werde.

Alle Formen meines Glaubenslebens, die ich bisher mit echter Überzeugung gelebt habe, werden sich nun wohl grundlegend ändern. Ich hab ja versucht, weiterzumachen wie früher, mir selbst *business as usual* vorzuspielen, aber es geht einfach nicht.

Da war der Gottesdienst.

Mit dem wunderschönen Choral »Gott ist gegenwärtig«. Und ich habe in Gedanken mit den Schultern gezuckt. Na und? Was habe ich von deiner Gegenwart, wenn du immer nur weiteren Mist in mein Leben schaufelst? Der Pfarrer hat irgendwas von tätiger Nächsten-liebe gepredigt. Dafür werde ich in den nächsten zwanzig Jahren ganz bestimmt keine Zeit haben. Meine beiden Kinder zu lieben, wird schon eine genügend schwierige Aufgabe für mich sein. Wenn ich das überhaupt schaffe ...

Gegen Schluss das Vater Unser, darin ganz am Anfang der Satz: »Dein Wille geschehe«. Ich setze flüsternd, mit einem Blick auf meinen Bauch, dazu: »Wenn der so aussieht, bitte nicht«.

Ich versuche ja, zu beten. Aber ich kann mich nicht aufraffen zu einem Dank, erst recht nicht zu einem Lob. Das Bitten hab ich aufgegeben, mit denen stoße ich bei dir ganz offensichtlich auf taube Ohren. Bleiben nur noch Vorwürfe an dich, so wie hier.

Und ich versuche, in der Bibel zu lesen. Die Texte, die für diese Woche vorgeschlagen sind, bestehen aus Worten, die sinnlos an meinem Kopf und wirkungslos an meinem Herz vorbeirauschen.

Deshalb habe ich die Berichte über Jesus aufgeschlagen. Das sind wenigstens leichter fassbare Geschichten. Lauter Berichte von Wundern, vorzugsweise Heilungen. Und mittendrin so steile Sätze wie: »Die Menschen brachten ihre Kranken zu Jesus, und er heilte sie alle.« Wirklich alle? Einfach so? Auch die, die gar nichts mit dir am Hut hatten? Solche, die auch später nichts von dir wissen wollten? Mit all denen hattest du Mitleid. Und mit mir? Ich hatte was mit dir am Hut, sehr viel sogar! Aber wo bleibt die Heilung?

Irgendwie bin ich doch erleichtert, dass meine Bibel gut gebunden ist. So hat sie es wieder einmal überlebt, dass ich sie mit Nachdruck in die Zimmerecke geschmissen habe.

Ob ich es jemals wieder schaffen werde, ganz normal an dich zu glauben? Ob ich das überhaupt will?

Ob du das überhaupt willst? Wenn ja, dann musst du ziemlich bald etwas dafür tun!

Martin will es, und viele unserer Freunde wollen es auch. Sie tun auch etwas dafür. Sie hören mir geduldig zu, sie versuchen mich zu trösten, mich zu ermutigen. Und lassen sich von ihrer Erfolglosigkeit bisher nicht entmutigen. Sie beten für mich.

Ich bin ihnen auch wirklich dankbar. Vor allem dafür, dass mir bisher keiner mit frommen Sprüchen gekommen ist. Ich kenne schon genug davon: »Gott lädt niemandem mehr auf, als er tragen kann« – da bin ich der lebende Gegenbeweis.

»Gottes Hilfe kommt nie zu spät« – stimmt. Denn »nicht zu spät« kann ja auch heißen, dass sie gar nicht kommt.

Und dann die steile Behauptung von Paulus aus seinem Brief an die ersten Christen in Rom: »Denen, die Gott lieben, müssen alle Dinge zum Besten dienen.« Eine Forderung, die ich weder erfüllen kann noch will. Jedenfalls nicht, solange mir niemand sagen kann, wie dieses »Beste« aussehen könnte. Um an Gutem auszugleichen, was meine Kinder an Einschränkungen ihrer Lebensmöglichkeiten hinnehmen müssen, müsste es ziemlich gewaltig sein!

Okay, Paulus konnte das für sich wohl so sehen. Ich beneide ihn sogar ein wenig deswegen.

Aber akzeptieren, dass es für mich das Beste sei, wenn du meinen Kindern keine Chance auf eine normale Zukunft gibst – nein, das kann ich nicht.

Wenn ich überhaupt irgendwie weiter an dich glauben will, muss ich wohl diesen Vers aus meiner Bibel herausschneiden.

Aber so weit bin ich längst noch nicht. Ich meine nicht das Rausschneiden, ich meine das Glauben.

Engel

Mai 1997

Natürlich gibt es Engel. Himmlische Wesen, die Gott manchmal mit besonderen Aufträgen auf die Erde schickt. Aber es gibt auch Menschen, die Engelsaufgaben übernehmen. Rein rational gesehen gibt es keinen Grund dafür, dass sie tun, was sie tun. Bleibt nur eine Erklärung: Gott muss ihnen diesen Auftrag gegeben haben.

In den ersten Monaten nach der Diagnose für Cornelius beauftragt Gott wohl mehrere Menschen damit, für uns zum Engel zu werden. Um uns zu zeigen, dass er sich mitten in dem organisatorischen und gefühlsmäßigen Chaos immer noch für uns zuständig fühlt.

Es fängt mit unseren Nachbarn an. Wir sind gerade in das kleine Dorf im Westerwald gezogen. Dass Erika und Helmut nette Leute sind und sich bemühen, uns den Anfang in der neuen Stelle zu erleichtern, haben wir schon bald gemerkt. Aber das, worum wir sie nun zu bitten wagen, kann man auch vom nettesten Menschen der Welt nicht erwarten: Mein Frauenarzt hat mich zur Absicherung der Diagnose an das Klinikum in Siegburg überwiesen. Etwa 90 Minuten Fahrt für eine Strecke. Und was dort auf mich zukommen wird, kann ich mir nach den Erfahrungen mit Jacob schon lebhaft vorstellen: Endloses Warten in zugigen Gängen oder stickigen Wartezimmern, in denen andere Frauen in freudiger Erwartung ihr Baby im Bauch herumtragen. Endlose Ultraschall-Sitzungen, Blutabnahme, weitere Untersuchungen, nach denen sich die Ärzte erst einmal bedeckt halten würden. Und dann das abschließende Gespräch, das jedes kleinste Fünkchen Hoffnung, mein Gynäkologe könnte sich doch geirrt haben, zunichte machen würde.

Kein Tag für schwache Nerven also. Und meine Nerven sind nicht nur schwach, sie sind am Ende. Allein werde ich das nicht durchstehen. Martin muss mit.

Und Jacob kann nicht mit. Diesen ganzen Tag lang das erste von nun zwei behinderten Kindern um mich herum zu haben, inklusive Wickeln, Füttern, Beschäftigen und Vom-Untersuchen-der-Kabel-diverser-medizinischer-Geräte-Abhalten – das wäre definitiv zu viel für mich. Und für Martin auch.

An unserem neuen Wohnort kennen wir noch kaum jemanden. Unsere Nachbarn sind die einzigen, die wir bitten können, Jacob für einen Tag zu übernehmen.

Ausgerechnet Jacob. Einen Zweieinhalbjährigen, der nicht laufen kann. Der gerade einmal drei Worte spricht: »Augo« heißt Auto, »Mami« bedeutet Papa,[1] und mit »Gu« bezeichnet er sich selbst. Einen Jungen, der mit Duplosteinen und Malstiften noch nichts anzufangen weiß. Der gerade gelernt hat, mit dem Löffel zu essen. Und den unsere Nachbarn vielleicht ein Dutzend Mal gesehen, aber noch nicht näher kennengelernt haben.

Für dieses Kind sollten sie also einen ganzen Tag lang verantwortlich sein? Ohne zu wissen, wann wir zurückkommen würden. Ohne eine Möglichkeit, uns im Notfall zu erreichen.

---

[1] Jacob redete uns immer nur mit dem Vornamen an. »Mami« war seine erste Version für »Martin«.

Eigentlich können wir uns das Fragen gleich sparen.

Martin tut es trotzdem. Und erntet natürlich keine begeisterte Zustimmung. Nur ein zögerndes: »Wir denken darüber nach«. Das ist eigentlich schon mehr, als ich erwartet habe.

Keine zwei Stunden später klingelt Erika an der Tür. Das sei ja eine echte Notlage, und ihr täte das alles so leid, und sie würde ja verstehen, dass Martin mitkommen müsse nach Siegburg, und ... und deshalb würde sie es wagen und sich solange um Jacob kümmern.

Es geht nicht nur gut, es ist der Anfang einer wunderbaren Freundschaft zwischen Jacob und seinen Ersatzgroßeltern. Nach diesem Tag hat Jacob seinen Wortschatz um die Worte »Elmu« und »Eika« erweitert.

Nach diesem Monat staunt das ganze Dorf darüber, was Helmut, der bisher nicht gerade als Kindernarr aufgefallen ist, mit seinem Ersatzenkel alles unternimmt. Jacob darf mit ihm Rasen mähen und Unimog fahren, auf der Werkbank sitzen und mit dem Bobby Car seine Einfahrt herunterrasen.

Nach Cornelius' Geburt stoße ich mehr als einmal an die Grenzen meiner Multi-Tasking-Fähigkeiten: Da will ich mein Baby stillen, das Mittagessen ist längst überfällig, Jacob räumt quengelnd alle Küchenschubladen aus, das Telefon klingelt zum x-ten Mal – und dann schrillt noch die Haustürklingel. Draußen steht Erika mit der Frage: »Darf der Jacob zu uns kommen?« Nichts lieber als das! Als die beiden miteinander abziehen, wäre es schwer zu sagen, wer am glücklichsten ist: Die Ersatz-Oma, das freudig jauchzende Kind oder die erleichterte Mama.

Woher ahnte Erika, wann ihr Erscheinen derart willkommen war? Konnte sie dicke Luft nebenan riechen? Waren unsere Hauswände so dünn? Hatte sie unser Wohnzimmer verwanzt? Die einzig plausible Erklärung: Gott muss ihr den Gedanken eingegeben haben. Und sie hat es einfach getan. Wie es Engel eben tun.

Noch mehr Engel

Juli–September 1997

Nach Tante Erika und Onkel Helmut hat Gott eine ganze Reihe von Engeln mobilisiert, um mir einen Herzenswunsch zu erfüllen: Mein zweites Kind wollte ich unbedingt stillen.

Bei Jacob wollte ich das auch schon. Ich hatte mir alles Mögliche dazu angelesen, wusste um die gesundheitliche Bedeutung der Muttermilch, um die durchs Stillen geförderte emotionale Bindung zwischen Mutter und Kind. Zwei Sätze aus all diesen schlauen Büchern hatten sich mir besonders eingeprägt: Jede Mutter kann stillen. Jedes Kind kann gestillt werden.

Die Bücher wurden ganz offensichtlich zu früh geschrieben, nämlich vor der Geburt meines ersten Babys. Denn ich konnte Jacob definitiv nicht stillen. Und Jacob konnte definitiv nicht gestillt werden.

Ich habe es hartnäckig versucht, Jacob an die Brust zu bekommen. Vom zweiten Lebenstag an habe ich ihn trotz der schmerzenden Kaiserschnitt-Narbe immer wieder angelegt. Und danach gewogen. Nur einmal zeigte die Waage ein anderes als Gewicht als vor dem Stillversuch: Da wog Jacob noch weniger als zuvor.

Erst nach zwölf Wochen, als die Milchpumpe mehr Blut als Milch aus meiner Brust zog, habe ich kapituliert. Jacobs Mundmuskulatur war einfach zu schwach, um die Muttermilch an der Quelle zu trinken. Wir mussten ja sogar die Löcher der Sauger mit einer heißen Stecknadel erweitern, damit er die Milch wenigstens aus der Flasche trinken konnte.

So lange würde ich diesmal bestimmt nicht mehr Milch abpumpen. Aber das Stillen versuchen wollte ich noch einmal! Ganz bewusst habe ich deshalb für Cornelius' Geburt ein Krankenhaus ausgesucht, das wenigstens einige Säuglings-Intensivbetten im Haus hatte. Denn wenn ich ihn stillen wollte, musste er natürlich in meiner Nähe sein. Nur wenn die kleine Intensivstation belegt wäre, müsste Cornelius in die Kinderklinik auf einem anderen Hügel der Stadt umziehen.

Das musste ich auf jeden Fall verhindern! Jedem, der mir bei einer der zahllosen Untersuchungen im Krankenhaus über den Weg lief, erzählte ich, dass ich mein Kind ganz unbedingt bei mir behalten wollte, um es zu stillen. Nicht nur den Gynäkologen und Stationsschwestern, sondern auch der Frau an der Pforte, einer kaum deutsch sprechenden Putzfrau und mehreren nichts ahnenden Besuchern.

Einen Engel habe ich dabei nie getroffen. Jedenfalls habe ich keinen als solchen erkannt. Aber er muss heimlich und unerkannt unter all den Leuten gewesen sein, die ich mit meinem Still-Wunsch überrumpelte.

Zunächst habe ich davon natürlich nicht das Geringste geahnt. Als ich am 9. Juli endlich aus der Narkose erwachte, war ich erst einmal damit zufrieden, dass mein Bauch weniger schmerzte als nach dem ersten Kaiserschnitt, und dass mein Kind im gleichen Krankenhaus geblieben war.

An Cornelius' zweiten Lebenstag schaffte ich es mit Martins Hilfe schon, unser Kind auf der Intensivstation zu besuchen. Da lag er, schläfrig und verkabelt, in seinem Wärmebettchen.

Ob wir ihn herausnehmen könnten? Allein die Frage versetzte die Schwester in Panik. Nein, auf gar keinen Fall! Streicheln dürften wir ihn, aber nur durch die dafür vorgesehenen Eingriffsluken mit daran angenähten Handschuhen.

Bei Jacob war das alles viel unkomplizierter möglich gewesen. Aber Cornelius lag hier eben nicht auf einer Kinderstation, sondern auf der Intensivstation. Da waren die Wärmebettchen Standard, etwas anderes gab es nicht. So konnten wir wohl bis zur Entlassung mit unserem Neugeborenen nicht einmal Hautkontakt aufnehmen. Obwohl Cornelius völlig ausgereift zur Welt gekommen war. Obwohl er mit seinem ganz normalen Geburtsgewicht wie ein Riese wirkte neben dem zarten Frühchen von 1500 g im Nachbar-Inkubator.

Wir waren zutiefst enttäuscht. Martin, weil er seinen Sohn so gerne auf den Arm genommen hätte. Ich, weil ich meine letzten Hoffnungen auf ein Stillkind am Horizont entschwinden sah.

Auf der Heimfahrt hätte Martin am liebsten geheult. Stattdessen machte er Gott klar, dass sich diese Situation schleunigst ändern müsse, weil sonst auch er noch durchdrehen würde.

Zwei Tage später kam unser Ortspfarrer mich besuchen. Viel Zeit hatte er nicht, seine Patientenliste war lang. Aber bevor er ging, bat ich ihn, mit mir dafür zu beten, dass diese unhaltbare Situation bald irgendein Ende finden würde. Eines, das mir Stillversuche erlauben würde, wagte ich schon nicht mehr zu erhoffen.

Aber wie sagt Gott es so schön in der Bibel? »Noch ehe sie mich anrufen, will ich ihre Bitten erhören.« Das galt nicht nur vor 4000 Jahren dem Volk Israel, das gilt heute auch mir.

Und so erschien kurz nach unserem Gebet eine Schwester mit der Frage, ob ich mein Kind jetzt gleich von der normalen Säuglingsstation abholen wolle.

Von der Säuglingsstation? Abholen? Hieß das, dass Cornelius vom angeblichen Intensiv-Pflegefall zum ganz normalen Rooming-in-Kind aufgestiegen war? Ja, das hieß es tatsächlich.

Es war gerade ein Kind zur Welt gekommen, das dringend ein Intensivbettchen benötigte. Die waren aber alle belegt. Die Ärzte waren sich einig: Cornelius konnte am ehesten von der Intensivstation verlegt werden. Das hieß: einen Säuglingstransport zur Kinderklinik anfordern.

Aber genau in diesem Moment muss mein Engel auf den Plan getreten sein. Ich werde nie erfahren, wer es war. Ich weiß nur, dass er wie so mancher biblische Engel in weiß gekleidet gewesen sein muss. Er erinnerte die anderen Ärzte an meinen Wunsch, Cornelius zu stillen. Und daran, dass ich mit einer frischen Kaiserschnittnarbe unmöglich den ganzen Tag auf einem Stuhl in der Kinderklinik verbringen konnte. Cornelius war ja organisch gesund, nur der Hydrozephalus musste regelmäßig kontrolliert werden. Ob man es nicht wagen könne, das Baby hier zu behalten, eben auf der normalen Kinderstation?

Man konnte. Und ich konnte mein Baby den ganzen Tag lang neben meinem Bett stehen haben, es wickeln, umziehen und ihm das Fläschchen mit der abgepumpten Mamamilch geben. Was für ein Unterschied zum vorigen Zustand! Was für ein Geschenk!

Erste Versuche, Cornelius anzulegen, zeigten allerdings keinen Erfolg. Dafür musste Gott noch einen weiteren Engel auftreten lassen. Diesmal in Form der Stillschwester. Sie zeigte mir, wie ich mit dem kleinen Finger Cornelius zu Saugbewegungen animieren konnte, bevor ich ihm das Fläschchen gab.

Ausgerechnet sonntags, als außer ihr nur noch eine Lehrschwester für alle Mütter und Babys der Station zuständig war, nahm sie mich mitsamt meinem Sohn ins Schwesternzimmer. »Heute muss das Kind an die Brust, sonst lernt er es womöglich nie«, erklärte sie resolut. Und genauso resolut machte sie sich an die Arbeit.

Ja, Arbeit war es wirklich. Normales Anlegen brachte nämlich nichts. Also versuchte sie es mit dem Anlegen von außen, von oben, von unten. Ich hätte schon nach einer halben Stunde aufgegeben, aber das ließ die Schwester nicht zu. Nach einer Stunde waren wir beide schweißgebadet. Aufgeben kam immer noch nicht in Frage.

Etwas später spürte ich plötzlich ein deutliches Ziehen an meiner Brust. Spürte, wie die Milch nach draußen floss, direkt in Cornelius' Mund. Hörte ihn schmatzen und schlucken. Sah, wie die Stillschwester mindestens so erschöpft wie erleichtert wie glücklich auf einen Stuhl sank. Und hielt wenige Minuten später ein halbsatt eingeschlafenes Stillkind im Arm.

Es war, als sei ein Schalter umgelegt worden. Seither trank Cornelius direkt bei mir. Zwar immer etwas schwach, da auch seine Mundmuskulatur nicht so kräftig war wie die eines Durchschnitts-Babys. Aber er trank. Er trank bei mir im Bett, er trank im Gottesdienst, er trank bei Ausflügen auf einer Parkbank, er trank vor und nach seiner Ventil-Operation im Krankenhaus. Er trank nachts immer seltener, weil er mit acht Wochen schon fast durchschlief. An heißen Sommertagen trank er stündlich, jeweils fast eine halbe Stunde lang. Ich saß dabei im Gartenstuhl, kühlte meine Füße im Planschbecken, in dem Jacob fröhlich herumspritzte, und genoss Glücksgefühle. Glücksgefühle, auf die ich nicht mehr zu hoffen gewagt hatte.

Allerdings entwickelte sich Cornelius' Saugkraft nicht in gleichem Maße wie sein Hunger. Was tun? Zufüttern? Nein, meint die Hebamme kategorisch. Sie hatte da etwas anderes im Sinn ...

Was es war, erfuhr ich erst, als sie eines Samstags in Begleitung ihrer Schwester erschien. Die Schwester arbeitete in der Schweiz, in einer Klinik, die auf Säuglinge mit Down-Syndrom spezialisiert ist. Dort hatten sie spezielle Massagegriffe entwickelt, um die Mundmuskulatur der Babys zu stärken. Die wollte sie mir nun zeigen.

Ich war völlig platt. Da hatte die mir völlig unbekannte Frau gerade einmal ein Wochenende Urlaub, fährt von der Schweiz in den Westerwald zu ihrer Schwester, und was machen die beiden an dem einzigen Nachmittag, den sie gemeinsam hatten? Kommen zu mir, um mir Mundmuskel-Stimulation beizubringen. Das tun keine Menschen, so etwas tun nur Engel!

Es half tatsächlich. Durch regelmäßiges Massieren aller Gesichtsmuskeln hin zum Mund saugte Cornelius stärker. Ein halbes Jahr lang konnte ich ihn voll stillen! Dann bekam ich doch wieder einmal einen Schub MS, musste Cortisontabletten nehmen und mein Kind deshalb schlagartig abstillen. Aber eben erst im Alter von sechs Monaten. Fast so, als sei Cornelius ein ganz normaler Säugling.

Was für ein Wunder nach allem, was so deutlich dagegen gesprochen hat! Und was für ein Gott, der das möglich gemacht hat!

Und was für tolle Menschen, die sich dafür im richtigen Moment als Engel zur Verfügung gestellt haben! Ich habe sie alle nur flüchtig kennengelernt. Ich weiß nicht einmal mehr ihre Namen. Aber ich bin mir sicher: Gott kennt ihre Namen. Und er wird sich eines Tages daran erinnern, dass sie dazu bereit waren, sein Geschenk an mich zu überbringen.

Wieso, weshalb, warum?

September 1997

… wer nicht fragt, bleibt dumm. Wer die falschen Fragen stellt, allerdings auch. Und im Zusammenhang mit behinderten Kindern ist die Frage nach dem Warum allenfalls ein Ausdruck der Hilflosigkeit, aber keine Frage, deren Antwort wirklich weiterhilft.

Ich für meinen Teil kenne die Antwort inzwischen. Sie lautet L1CAM. Alles klar?

Was wie ein Passwort für einen Sicherheitsserver im Internet klingt, ist die Bezeichnung für irgendein winziges Teil eines Gens in meinen Zellen, das nicht ganz richtig funktioniert. Im Klartext: Ein Gendefekt. Vererbt über eines meiner beiden X-Chromosome. Da ich zwei von der Sorte besitze, kann das intakte das defekte ausgleichen. Keine Spur von Behinderung bei mir. Allerdings kommt jeder Junge, dem ich mein defektes X-Chromosom vererbe, unweigerlich behindert zur Welt. Denn bei Jungs hat das L1CAM keinen Partner, der den Defekt ausgleichen könnte.

Und nun? Was fange ich nun mit diesem Wissen an?

Die einzige Möglichkeit einer Heilung bestünde darin, in jeder Zelle von Jacobs und Cornelius' Körper das defekte Bruchstückchen eines Gens durch ein gesundes auszutauschen. Der menschliche Körper besteht aus etwa fünfzigtausend Milliarden Zellen. Bei Kleinkindern dürften es ein paar weniger sein. Das würde die Arbeit schon etwas erleichtern. Seltsamerweise hat es trotzdem noch nie jemand versucht.

Mein Frauenarzt könnte bei jeder weiteren Schwangerschaft das Blut des Embryos auf das L1CAM untersuchen lassen. Im »negativen« Fall könnte ich mich freuen. Im »positiven« Fall müsste ich – laut Ärzten – das Kind nicht zur Welt bringen. Aber würde ich diesen Rat wirklich befolgen? Ganz bestimmt nicht. Also würde ich eben doch ein drittes behindertes Kind bekommen, das meine körperlichen und emotionalen Kräfte endgültig überfordern würde.

Da ist die Pille noch die beste Lösung.

Ein Genetiker könnte alle Blutsverwandten auf meinen Gendefekt untersuchen. Braucht er aber nicht. Ich habe keine Schwester, bei der man nun ebenfalls das Erbgut checken könnte, damit sie vor der Zeugung eines Kindes Bescheid weiß. Meine Mutter und meine Großmutter haben auch nur Brüder. Sie selbst haben das zeugungsfähige Alter längst überschritten. Also besteht keine Gefahr einer unwissentlichen Weitergabe des ominösen Erbgut-Passwortes. Wenigstens da haben wir Glück gehabt.

Mein Ehemann könnte mit dem Wissen, dass meine Gene die Behinderung unserer Söhne ausgelöst haben, etwas anfangen. Er könnte sich eine andere Frau suchen. Eine, die ihm gesunde Kinder schenken kann. So etwas machte man in der Antike. Sollte man meinen. Betroffene Männer kommen auch heute noch schnell auf diese Idee. Ihre Verwirklichung kommt für meinen Mann aber nicht in Frage. Andere Frauen können das nur vermuten, ich weiß es aus der Praxis. Dicker Kuss für Martin.

Ein Statistik-Schüler könnte mir ausrechnen, dass ich jetzt das Anrecht auf sechs gesunde Kinder habe. Denn die Wahrscheinlichkeit auf einen Jungen beträgt 50 Prozent. Und von diesen 50 Prozent bekommt, rein statistisch gesehen, nur die Hälfte mein defektes Gen. Macht eine Wahrscheinlichkeit von 25 Prozent. Bei zwei bereits behinderten Kindern würden die restlichen 75 Prozent aus vier Mädchen und zwei gesunden Jungen bestehen.

Jeder Statistik-Professor würde dem Schüler aber erklären müssen, dass sich das errechnete Verhältnis erst dann auf den statistischen Wert einpendelt, wenn ich eine genügend große Grundmenge Kinder in die Welt setze. So etwa 100.

Ich weiß von einer Mutter mit dem gleichen Gendefekt. Sie hat es immerhin auf sieben Kinder gebracht, darunter fünf Jungen. Und nur einer hat ihr L1CAM erwischt. Sie fragt sich, wieso es bei ihr ein so geringer Prozentsatz ist. Eigentlich müsste sie mir Statistik-Ausgleichs-Schadensersatz zahlen. Ich habe freundlicherweise darauf verzichtet, ihn einzuklagen.

Nein, die Frage nach dem Warum führt nicht weiter. Für mich steht eine ganz andere Frage im Raum, drängend, manchmal bedrohlich und jeden Tag neu: Was jetzt?

Wie gestalte ich mein Leben unter diesen erschwerten Umständen?

Wie schaffe ich ein innerliches Ja dazu, dass dieses blöde winzige L1CAM alle ganz normalen Zukunftshoffnungen für meine Kinder schon bei ihrer Zeugung einfach durchgestrichen hat?

Wie kann ich der Versuchung widerstehen, mich der Resignation hinzugeben?

Das sind die wesentlichen Fragen. Eine feste Antwort darauf habe ich nicht.

Vielleicht gibt es sie auch gar nicht. Wahrscheinlich muss ich immer wieder neu Antworten darauf finden. Sie werden unterschiedlich ausfallen, je nach Situation, Stimmung und Kraft. Aber ich muss die Antworten nicht alleine finden. Martin sucht natürlich mit. Manchmal liefern unsere Kinder selbst Antworten.

Und manche Antwort, manche Ermutigung wird mir immer wieder einmal einfach vor die Füße gelegt. Von Gott. Mitten in dem gefühlsmäßigen Chaos, in das ich immer wieder hineinschlittere, schickt er mir Zeichen seiner Fürsorge. Mal groß und unübersehbar, mal unscheinbar klein und kaum erkennbar. Manchmal renne ich blind daran vorbei und erkenne erst im Nachhinein, wo ich wieder einmal beschenkt worden bin.

Eigentlich ist es schon ein Wunder für sich, dass Gott mir immer noch Zeichen seiner Güte schenkt, obwohl ich sie so oft, blind vor Tränen in den Augen oder Wut im Bauch, liegen gelassen habe.

Wie gut, dass Gott mehr Geduld mit mir hat als ich selbst. Wie gut, dass ich mich auch für alle eventuellen künftigen Katastrophen in meinem Leben darauf verlassen kann.

CRASH

September 1997

Die Behinderung, die den Defekt des L1CAM auslöst, hat ebenfalls einen Namen: CRASH-Syndrom. Jeder Buchstabe des Syndroms steht für ein Symptom des Gendefektes: **C**orpus-callosum-Agenesie, mentale **R**etardierung, **a**dduzierte Daumen, **s**pastische Paraplegie und **H**ydrozephalus.

Hinter diesen Fachbegriffen verbergen sich eine ungenügende Verbindung zwischen beiden Hirnhälften, eine verzögerte geistige Entwicklung, eingeschlagene Daumen, eine mehr oder weniger stark ausgeprägte Spastik und ein Wasserkopf.

Das alles liest der Mediziner aus diesen fünf Buchstaben C-R-A-S-H. Ausgesprochen wird das Ganze dann eben »Crash«.

Und klingt somit eher wie: An die Wand gefahren. Totalschaden. Schwerverletzte.

Mein Bruder hatte einmal einen schweren Verkehrsunfall. Mit Frontalzusammenstoß, Totalschaden und fünf Schwerverletzten. Er hat seinen Crash überlebt. Aber er musste monatelang üben, bis er neu laufen gelernt hatte. Sich hinknien, um Sockelleisten abzustauben, wird er nie wieder können. Aber wenn er mit seinem Sohn Fußball spielt, merkt man ihm nichts mehr an. Und mein Bruder spielt wesentlich lieber Fußball, als Sockelleisten abzustauben.

Ich werde meinen Großbuchstaben-Crash auch überleben. Aber auch bei mir wird es wohl einige Zeit dauern, bis ich wieder auf die Beine komme. Manches in meinem Leben wird nie wieder so sein, wie es war, und wie es bei 95 Prozent aller Familien in Deutschland ist. Ich werde üben müssen, werde kämpfen müssen, werde Neues lernen müssen. Aber es besteht die Hoffnung, dass man meinem Leben irgendwann nicht mehr als Erstes die »chronisch kranke Frau mit zwei behinderten Kindern« anmerken wird.

Mein Bruder hat es geschafft, sein Leben nach dem Unfall wieder gut zu meistern. Tausende von Eltern, deren Kind behindert zur Welt gekommen ist, haben das geschafft. Millionen Menschen, deren Lebensplanung einen Totalschaden erlitten hat, haben das geschafft.

Also kann ich das auch schaffen. Meinen Kindern zuliebe. Und mir selbst zuliebe. Vielleicht vor allem das.

Psychiater

Oktober 1997

Ich bin am Ende. Zumindest fühle ich mich so. Wenn ich vor dem Fenster einen Dreijährigen mit selbst abgerissenen Blumen für Mama in der Hand herumhüpfen sehe, während mein Dreijähriger übt, sich an einem Stuhl zum Stehen hochzuziehen, gehört die nächste halbe Stunde einem Weinkrampf. Am liebsten würde ich mich den ganzen Tag unter der Bettdecke verkriechen. Oder auf die Straße rennen und allen Leuten ins Gesicht schreien, wie schrecklich diese Welt mit mir umgeht. Beides würde an meiner Situation nicht das Geringste ändern.

Martin hat eine bessere Idee: Er sucht die Adresse eines christlichen Psychiaters und vereinbart gleich einen Termin für mich.

So tief bin ich also gesunken. Der Psychiater wird mich auf seine Couch legen, sich alles anhören und mich dann mit Psychopharmaka vollpumpen, bis ich nicht mehr geradeaus denken kann. Danach bleibt als nächster Schritt nur noch die geschlossene Psychiatrie.

Ich gehe trotzdem hin. Vor allem, weil Martin immer noch darauf besteht. Dr. D. arbeitet bewusst auf christlicher Basis. Wir reden aber kaum über Gott. Er kann ja auch dabei sein, wenn man nicht über ihn redet. Dr. D. hat keine Couch, sondern einen verstellbaren Ruhesessel, in dem man sich wunderbar fallen lassen kann. Und einen herrlichen Kaffee.

Dr. D. hört sich alles an. Geduldig, verständnisvoll. Klar, das ist sein Beruf. Er versteht, dass alles Sich-Zusammenreißen-Wollen nicht funktioniert. Diagnostiziert eine exogene Depression. Das heißt, ich bin nicht von mir aus depressiv, sondern meine Lebensumstände haben mich dazu gemacht. Schön, das habe ich mir schon vorher gedacht. Aber was macht man dagegen?

Dr. D. verschreibt mir keine Tabletten, sondern erst einmal eine Putzhilfe. Die wird zwar nicht von der Krankenkasse übernommen, aber es hilft. Besonders, wenn ich den Auftrag des Psychiaters beherzige und die gewonnene Zeit dafür nutze, mit Jacob zu toben, mit Cornelius zu kuscheln oder mich einfach in die Sonne zu setzen.

Das mache ich auch für eine kurze Zeit. Es klappt nicht immer, aber immer öfter. Dann spiele ich doch wieder mit dem Gedanken, anderweitig aktiv zu werden. Eine Krabbelgruppe für unser Dorf gründen, das wäre doch etwas für mich. Es wäre zwar wieder mit Arbeit verbunden, aber mit einer, die mir wesentlich mehr Spaß macht als der Hausputz. Und die mich vielleicht herausholen könnte aus dem ständigen Kreisen um die Ungerechtigkeit des

Schicksals. Ich wäre nicht mehr nur die MS-kranke Mutter von zwei behinderten Kindern, sondern wieder die Pfarrfrau, die ich eigentlich werden wollte. Die Gruppenleiterin, Ansprechpartnerin für die Mütter. Expertin in Sachen »normgerechte Entwicklung«, »sensorische Integration« und »psychomotorische Frühförderung«. Damit bin ich schon wieder nicht normal. Aber ich kann mir selbst beweisen, dass ich noch in der Lage bin, aus meinen negativen Lebensumständen positives Kapital zu schlagen.

Dr. D. ist gar nicht darüber entsetzt, dass ich seinen Auftrag nicht so ganz erfüllen möchte. Im Gegenteil, er erklärt mir den Unterschied zwischen Dys-Stress und Eu-Stress und ermutigt mich, die Sache anzupacken. Für ganz heftige Momente verschreibt er mir sogar ein Beruhigungsmittel. Aber erst jetzt. Jetzt zeigt Dr. D. mir ein paar Entspannungsübungen und übt mit mir, gewisse Gedanken mit einem Stoppschild im Kopf auszubremsen. So ausgerüstet, kann ich es hoffentlich schaffen, in der Krabbelgruppe ganz normale Kleinkinder zu erleben, ohne gleich in Tränen auszubrechen.

Inzwischen habe ich eine Frau aus unserem Dorf zu Dr. D. geschickt. Sie dreht sich seit über einem Jahr nur noch um die Frage, warum ihr Mann so schnell an einem Hirntumor gestorben ist. Aber bei ihr beißt der Arzt auf Granit. Stoppschilder im Kopf fallen schon nach ein paar Stunden wieder um. Eu-Stress-Aufgaben findet sie nicht. Selbst Psychopharmaka bleiben wirkungslos.

Ich glaube, Dr. D. hätte gerne mehr solche Patienten wie mich. Ich bin also doch noch ganz die alte Sabine: Die Musterschülerin. Früher für den Französischlehrer, heute für den Psychiater. Immerhin.

Das Ei des Jacobus

Januar 1998

Kennen Sie die schöne Erzählung vom Ei des Kolumbus? Ich war schon als Kind fasziniert davon, wie der wackere Seemann das scheinbar Unmögliche vollbrachte, indem er kurz die üblichen

Denkmuster verließ. Als seine Gegner ihm vorhielten, auch jeder andere hätte Amerika entdecken können, forderte er sie auf, ein rohes Ei senkrecht auf den Tisch zu stellen. Nach allen Regeln der Physik ist das unmöglich, und natürlich gelang keinem der Anwesenden das Kunststück. Bis schließlich Christoph Kolumbus das Ei nahm, es mit dosiertem Schwung auf die Tischplatte stellte, so dass die Eischale ganz leicht eingedrückt wurde. Und siehe da – das Ei stand senkrecht.

Im 17. Jahrhundert gab es noch keine IQ-Tests. Hätte es sie gegeben, wäre Kolumbus sicher auf einen Wert von über 120 gekommen. Unser Jacob liegt zwischen 70 und 80. Keine Chance, Seefahrt zu studieren, einen Segelschein zu machen, neue Welten zu entdecken.

Aber auch er vollbringt das scheinbar Unmögliche, indem er die üblichen Denkmuster verlässt.

Bevor ich weiter erzähle, überlegen Sie selbst: Ist es möglich, eine mit einer üblichen Kindersicherung geschlossene Autotür von innen zu öffnen? Lassen Sie sich ruhig Zeit mit der Suche nach einer Lösung; Jacob hat es immerhin auch erst nach drei Tagen geschafft. Aber dann innerhalb von etwa 30 Sekunden.

Bis unser Ältester knapp vier Jahre alt ist, bleibt die Kindersicherung in unserem Auto unbenutzt. Erst ist Jacob gar nicht in der Lage, die Tür von innen zu öffnen, später hat er kein Interesse daran. Bis er schließlich doch den entsprechenden Hebel betätigt – bei Tempo 100 auf der Überholspur. Natürlich schreiten wir Eltern sofort ein und legen den Knopf der Kindersicherung um. Jacob versucht drei Tage lang, seine neue Entdeckung noch einmal durchzuführen. Vergeblich, die Autotür bleibt zu. Nur Mama und Papa sind in der Lage, sie zu öffnen. Und zwar von außen.

Hat es jetzt bei Ihnen »Klick« gemacht? Nein? Bei Jacob schon. Drei Mal beobachtete er, wie wir die Tür auf bekamen. Beim vierten Mal lade ich erst die Einkäufe aus dem Kofferraum, bevor ich Sohnemann von der Rückbank holen will. Und finde eine sperrangelweit geöffnete Tür samt einem schelmisch grinsenden Jacob vor.

Ist die Kindersicherung doch nicht eingerastet? Ein kurzer Check bestätigt: Doch, sie ist. Aber das Fenster ist heruntergekurbelt. Und zwar nicht von mir.

Mein Mund steht wahrscheinlich mindestens so weit offen wie die Autotür. Sollte Jacob tatsächlich … ? Schließlich mache ich die Probe aufs Exempel: Schließe Fenster und Türe und fordere Jacob auf, auszusteigen. Und siehe da, als wäre es das Logischste der Welt, kurbelt Jacob das Fenster herunter, greift nach außen und öffnet die Autotür. Trotz eingerasteter Kindersicherung.

»Ach«, denken Sie jetzt vielleicht, »das war ja einfach. So hätte ich das ebenfalls hingekriegt.«

Genau das sagten auch die Menschen, die um Christoph Kolumbus und sein aufrecht stehendes Ei herum standen. Und der wackere Seemann entgegnete ihnen: »Der Unterschied liegt darin, dass ihr es hättet machen können, ich es aber gemacht habe.«

Könnte Jacob schon fließend sprechen, würde er das auch sagen.

Wie schon erwähnt, Christoph Kolumbus war ein hochintelligenter Gelehrter, und Jacob ist ein geistig behindertes Kind. Offensichtlich ist der Unterschied zwischen beidem manchmal gar nicht so groß.

Offener Brief an Gott 2

Februar 1998

Meinen ersten Brief an dich habe ich immer wieder noch einmal gelesen. Heute, nach der Begegnung mit mehreren Engeln und einem Psychiater, mit einer Putzhilfe für die Wohnung und einem nachts schlafenden und tagsüber strahlenden Stillkind, würde ich manches anders formulieren. Ich stehe nicht mehr im ersten Schock vor den Trümmern meiner Träume.

Kaputt sind sie trotzdem. Immer noch. Und für immer.

Und mit dieser Aussicht, mit meinem Schicksal, mit dir – da bin ich noch lange nicht fertig. Ich habe dich immerhin schon länger nicht mehr als Sadisten bezeichnet.

Und ich frage mich ab und zu: Darf man wirklich so mit dir reden? Toben, manchmal sogar fluchen, dich beschimpfen? Nicht irgend wen, sondern den Herrn dieser Welt? Darf ich das?

Aber was sollte ich sonst tun?

Brav weitermachen wie bisher, so tun, als ob nichts geschehen wäre?

Fromme Lieder singen, während es in mir drin dagegen wütet?

Fromme Gebete sprechen, zu denen mein Herz Nein schreit?

Fromme Sprüche klopfen, dabei lächeln, und dir in der Hosentasche den Stinkefinger zeigen?

Mein Gegenüber würde das wahrscheinlich nicht sehen; du siehst es garantiert.

Deshalb vermute ich, dass es dich nicht sonderlich freut, wenn ich mich in frommer Schauspielerei übe. Selbst wenn ich irgendwann so perfekt sein sollte, dass es für einen irdischen Oscar reichen könnte – den himmlischen Oscar vergibst du gar nicht für Schauspiel-Leistungen, den vergibst du eher für Ehrlichkeit.

Also schütte ich lieber einfach mein Herz vor dir aus. Egal, wie viele Gedanken und Gefühle dabei sind, die dich vielleicht verletzen. Schließlich kennst du sie ohnehin schon.

Und schließlich hättest du ihre Entstehung ja ganz einfach verhindern können.

Auch vorhin hast du meinen Gefühlsausbruch nicht verhindert.

Hast Cornelius, dieses sonst so friedliche Kind, einfach brüllen lassen. Kein Wickeln, kein Stillen, kein Herumtragen, kein Singen hat geholfen. Über eine Stunde lang. Vielleicht war es auch nur eine halbe. Oder zwanzig Minuten. Egal, es hat gereicht, um Jacob derart zum Lachen zu reizen, dass er wild gackernd von seinem Kinderstühlchen gepurzelt ist. Und ebenfalls angefangen hat zu brüllen.

Ich weiß, normale Mütter brüllen dann nicht einfach mit. Aber ich bin eben keine »normale Mutter«. Wie könnte ich auch, schließlich habe ich ja keine normalen Kinder.

Ich habe nicht einmal eine normale Küchenschublade! Ausgerechnet die, aus der ich eine Stoffwindel holen wollte, um sie anzufeuchten und Jacobs Beule damit zu kühlen, klemmte. Als ich sie endlich mit roher Gewalt aufgezerrt hatte, gab es einen leisen Knacks, und die Schubladenfront fiel mir vor die Füße.

Was soll man da noch machen? Ruhig reagieren, ein Problem nach dem anderen lösen?

Aber ich bin nicht »man«, ich kann das nicht! Jedenfalls nicht, wenn sich das Leben als solches, zwei Kinder und dann auch noch eine Küchenschublade gegen mich verschwören!

Ich habe Cornelius einfach schreiend in seine Wiege verfrachtet, Jacob das feuchte Tuch auf die Stirn gepackt und mich dann auf mein eigenes Bett geschmissen. Mir die Decke über den Kopf gezogen und meine Verzweiflung in die Matratze getrommelt. Tränen, Flüche inklusive.

Als Martin nach Hause kam, war Cornelius eingeschlafen. Jacob lag friedlich auf dem Fußboden. Aber Martin sah die Schublade, er sah meine Bettdecke, und er wusste, dass ich wieder einmal »soweit war«.

Dann hat er sich einfach neben mich gesetzt und mir eine Geschichte vorgelesen. Eine von Adrian Plass, über dessen »frommen Chaoten« wir uns schon so oft schief gelacht haben.[2]

Diesmal war es aber keine der üblichen schreiend komischen Geschichten, sondern eine sehr nachdenkliche:

Der fromme Chaot sollte bei einem Abendessen sprechen, bei der die »überwiegende Mehrzahl Nicht-Christen« sich als eine einzige Person unter lauter Gemeindegliedern herausstellen. Aufgrund einer spontanen Eingebung ändert er seinen Vortrag und erzählt, wie sein kleiner Sohn manchmal enttäuscht, verzweifelt, wütend nach Hause kam. Wie er, der Vater, dieses tobende Kind einfach auf seinen Schoß genommen und ihn festgehalten hat. Wie das Kind ihm mit seinen kleinen geballten Fäusten schreiend auf die Brust trommelte, bis es sich schließlich völlig ausgeheult hatte und auf dem Schoß des Vaters einschlief. Und er, der Vater, war einfach glücklich darüber, dass sein Sohn zu ihm gekommen war, lieber als zu irgendjemand anderem.[3]

Hocke ich wirklich gerade so auf deinem Schoß? Enttäuscht, verzweifelt, wütend schreie dich an und versuche mit meinen ein-

2   Adrian Plass, *Tagebuch eines frommen Chaoten*, Brendow Verlag 1990.

3   Adrian Plass, *Die rastlosen Reisen des frommen Chaoten*, Brendow Verlag 1996, S. 54–63.

geschränkten Möglichkeiten, dem Herrn dieser Welt weh zu tun? Damit er merkt, wie viel Schmerz zu viel er mir zugeteilt hat?

Nein, ich werde jetzt nicht ganz brav christlich davon reden, dass dieser Herr der Welt selbst unendlich gelitten hat, und dass er heute noch leidet an all dem Bösen, das auf dieser Welt geschieht, dass er auch mit mir mitleidet. Das wissen wir beide doch sowieso. Ich sehe nur nicht, wie mir das in irgendeiner Weise helfen könnte.

Nein, mir ist an dieser Geschichte von Adrian Plass etwas anderes wichtiger: Ich bin jetzt noch überzeugter davon, dass du mein Rebellieren gegen dich aushältst. Du kannst nicht nur Sonnensysteme erschaffen und auf dem Wasser gehen, du kannst auch das Trommeln meiner kleinen geballten Fäuste auf deiner Brust ertragen. Du lässt mich trotzdem nicht los. Auch wenn ich gerade nicht allzu viel mit dir anfangen kann, wenn ich dich gerade einfach nicht verstehe – dieses Wissen tut irgendwie gut.

Und ich verspreche dir: Ich werde mir keinen anderen Gott suchen, um mich bei ihm auszuheulen. Ich bleibe bei dir. Und sei es eben, indem ich gegen dich tobe, dich beschimpfe und deine Offenbarung in die Zimmerecke schmeiße.

Jetzt ist es raus. Das, was ich unbewusst die ganze Zeit gewusst habe: Ich bleibe bei dir.

Das heißt nicht, dass ich dich wieder so einfach lieben, deinen Weg mit mir akzeptieren würde! Es heißt nur, dass ich mich nicht von dir lossagen werde. Dass ich irgendwie nicht loskomme von dir.

Denn was hätte ich eigentlich davon, wenn ich meinen Glauben an den Nagel hängen würde? Ich müsste die letzten fünfzehn Jahre meines Lebens als Irrtum abhaken. Alles vergessen oder uminterpretieren, was ich mit dir erlebt habe. Alles leugnen, was ich jemals über dich gesagt habe. Ich müsste die restlichen Jahre meines Lebens mit einem Mann verbringen, der schon rein berufsmäßig weiterhin glauben muss.

Ich könnte statt dir irgendein blindes Schicksal anklagen, das Leben an sich, die Natur oder sonst irgendetwas. Das wäre wohl kaum erleichternder, als dich anzuschreien.

Und meine Kinder heilen würde es definitiv nicht.

Es lohnt sich also einfach nicht, dir den Laufpass zu geben.

Bei dir weiß ich wenigstens, dass du mein Schreien hörst.

Und vielleicht werde ich dich eines Tages wieder brauchen. Wenn ich wieder empfänglich bin für das, was du mir vielleicht doch einmal wieder zukommen lassen willst: Deine Hilfe. Deinen Trost. Deine Nähe. Deine Liebe.

Wie gesagt: Vielleicht.

Krabbelgruppe

Juli 1998

Ich muss zugeben, ich hatte etwas Bauchschmerzen vor der ersten Mutter-Kind-Stunde, die ich in unserem Ort anbiete. Immerhin kamen mir vor einem halben Jahr noch regelmäßig die Tränen, wenn vor unserem Fenster ein Kind in Jacobs Alter vorbeihüpfte, während mein Ältester gerade übte, sich zum Stehen hochzuziehen.

Aber ich kann und will mich nicht mehr den ganzen Tag nur um die Behinderung meiner Kinder drehen. Ich brauche wieder eine Aufgabe, die mich herausfordert, ohne mich zu überfordern. Deshalb habe ich es gewagt, mit Cornelius eine Krabbelgruppe ins Leben zu rufen. Er ist jetzt etwas über ein Jahr alt, und der Kontakt mit anderen Kindern wird ihm gut tun. Mal sehen, was da sonst noch so auf mich zukommt.

Als erstes kommen fünf Mütter mit sechs Kindern auf mich zu. Clara ist acht Monate alt, Tobias fast drei. Tom, Lisa und Cornelius trennen gerade mal sechs Tage Altersunterschied. Eine Gruppe, mit der sich einiges anfangen lässt.

Nach der Vorstellungsrunde nehme ich den Spiegel und singe jedem Kind mein Begrüßungslied auf die Melodie von »Bruder Jakob«: »Guten Morgen, Lisa, Gott schuf dich, er hat dich sehr schön gemacht. Gott liebt dich.«

Hilfe! Auf Lisa trifft dieser Text natürlich vollkommen zu – aber auf Cornelius? Kann ich ihm wirklich zusingen, dass Gott ihn perfekt gemacht hat? Inklusive Wasserkopf und Knick-Senk-Füßen?

Warum habe ich da nicht früher dran gedacht? Jetzt ist alles zu spät, ich werde es singen müssen.

Erst mal ist Clara dran. Auf ihrer Wange prangt ein dicker Leberfleck, und sie schielt deutlich. Ihre Mutter schaut mich schon vorher skeptisch an. Hat Gott Clara schön gemacht? Ich knie mich vor Clara hin, halte ihr den Spiegel vors Gesicht. Soll ich jetzt einfach singen? Nein, ich streiche ihr kurz über den Kopf und sage ein paar bewundernde Worte über ihre dichten schwarzen Locken. Die Mutter schenkt mir ein dankbares Lächeln. Ja, Claras Haare sind schön.

Tobias scheint mir überhaupt nicht zuzuhören. Während ich singe, rutscht er auf seinem Stuhl hin und her und bemalt gleichzeitig den Spiegel mit Spucke. Garantiert wird seine Mutter ihn demnächst wegen ADHS zur Ergotherapie kutschieren.

Jetzt zu Cornelius. Zwei braune Strahleaugen, hellblonde Haare, ein Babylachen, das jeden dahinschmelzen lässt. Würde man adoptionswilligen Eltern nur Fotos von Clara und Cornelius zeigen, sie würden sich sofort für meinen Jungen entscheiden. »Schön« ist er durchaus. Perfekt ist er nicht. Aber dass Gott ihn geschaffen hat und ihn liebt, trifft für Cornelius trotzdem genau so zu wie für Clara, für Tobias und jeden anderen Menschen. Gott sei Dank! Nach Clara und Tobias kann ich mein Liedchen auch für Cornelius aus voller Überzeugung singen.

Nach dem kurzen Programmteil setzen sich die Muttis zu Kaffee und Keksen an den Tisch. Für die Kinder schütte ich meinen Duplo-Sack aus. Freudiges Quietschen aus sechs Kehlen. Tom und Lisa rennen zu den Bausteinen, Cornelius lässt sich auf seinen windelgepolsterten Popo fallen und rutscht sitzend in die Spielecke. Tom und Lisa kriegen den Mund nicht mehr zu. Wie bewegt der sich denn vorwärts? Dann, wie auf Kommando, lassen auch sie sich auf den Boden fallen und probieren Cornelius' Fortbewegungsmethode aus: Ein Bein anwinkeln, um stabil zu sitzen, das andere vorstrecken und daran den Popo nachziehen. Klappt. Zehn Minuten lang hat Clara die Bausteine für sich, die anderen Kinder spielen fröhliches »Poporutschen« um die Wette. Cornelius ist der Geschickteste –

klar, er hat ja auch die meiste Übung. Dass er noch lange nicht wird laufen können, fällt den Kindern gar nicht auf.

Die Muttis von Tom und Lisa bleiben nach der Krabbelgruppe noch da. Irgendetwas liegt ihnen auf dem Herzen. Schließlich spricht Margret, Toms Mutter, mich leicht verlegen an: »Wir haben ja gewusst, was mit deinem Sohn ist. Und wir haben lange überlegt, ob wir unseren Kindern zumuten können, jetzt schon einem Behinderten zu begegnen. Wir wussten so gar nicht, wie sie auf ein Kind reagieren würden, das gleich alt ist wie sie, aber noch nicht laufen und sprechen kann. Aber so, wie sie heute miteinander umgegangen sind – das war einfach schön.«

Margrets Worte gehen mir noch lange nach. Warum hatten sie Bedenken? Sie sind wohl selbst noch nie enger mit Behinderten in Kontakt gekommen. Dann war es also höchste Zeit, dass ich mit Cornelius die Initiative ergriffen habe!

Und was die Kinder betrifft – sie erleben doch tagtäglich, dass Menschen unterschiedlich weit in ihrer Entwicklung sind. Niemand erwartet von Tom, dass er schon lesen kann wie seine große Schwester, und Lisa kann selbstverständlich viel mehr Dinge als das Baby ihrer Nachbarin. Kinder kennen noch keine Tabellen, auf denen steht, welche Fähigkeit zu welchem Alter gehört, und die damit auch beurteilen, ob ein Kind sich »gut« oder »schlecht« entwickelt. Der eine läuft, der andere rutscht. Na und? Beides ist spannend. Hauptsache, alle haben zusammen ihren Spaß.

Vielleicht sollte ich die Entwicklungstabellen beiseite legen und von Toms und Lisas Unbefangenheit lernen. Und nächste Woche mein Begrüßungslied ganz ohne Bedenken singen. Auch für Clara, Tobias und Cornelius.

Offener Brief an Gott 3

Juli 1998

Ich glaube, du hast es geschafft. Du hast mir zumindest ein Buch zum Thema Leid in die Hände fallen lassen, das ich bis zur letzten Seite gelesen habe, ohne es ein einziges Mal in die Zimmerecke zu pfeffern. Und du hast mich über einen Bibelvers stolpern lassen, über den ich wirklich ins Nachdenken gekommen bin.

Ich habe ja schon in gefühlten siebzehneinhalb Büchern oder Artikeln zum Thema »Leid« eine vernünftige Antwort gesucht. Meistens habe ich mich dabei allerdings gefühlt wie ein Sehender, dem ein Farbenblinder den Unterschied zwischen grün und rot erklären will. Am schlimmsten waren die Autoren, die in ausgefeilten Theorien darlegen, wie »man« Leid zu betrachten habe.

Wie schon gesagt, ich bin nicht »man«.

Außerdem könnten solche Schreiber alles Mögliche von mir verlangen – solange ich dazu nicht fähig bin, kann ich es einfach nicht tun. Da könnte man genauso gut einen Eiswürfel in die Sahara legen und von ihm verlangen, nicht zu schmelzen.

Aber dieses eine Buch, das du mir jetzt in die Hände gespielt hast, spricht vom Leben. Vom realen, manchmal brutalen Leben in einer absolut nicht perfekten Welt. Der Autor hat selbst einiges davon abbekommen und weiß daher sehr wohl, wovon er spricht. Deshalb hat er auch keine einfachen, oberflächlichen Antworten. Alle seine Erfahrungen tiefster Verzweiflung, seine Gefühle der Bitterkeit und seine Überlegungen um das Warum münden in der Erkenntnis: »Gott sucht Menschen, die ihm vertrauen, auch wenn sie ihn nicht verstehen.«

Ich nehme an, du hast mir schon häufiger Sätze wie diesen über den Weg geschickt und versucht, damit endlich mein Herz wieder zu erreichen. Bisher war alles vergeblich, mein Schmerz und meine Wut haben alles an mir abperlen lassen wie Wasser an einer Regenjacke.

Aber mit diesem Satz hast du die kleine Stelle an der Naht gefunden, an der das Wasser doch durchdringen kann.

Er drückt ziemlich genau das aus, was ich empfinde: Verstehen werde ich wohl nie, weshalb du uns Krankheiten auflädst, die man locker auf drei Familien verteilen könnte. Das übersteigt die Denkmöglichkeiten jedes Menschen.

Aber das erwartest du auch gar nicht von mir.

Du willst etwas ganz anderes von mir: Dass ich dir nach wie vor mein Leben anvertraue, trotz aller erlebten Enttäuschung. Dass ich gegen den ersten Augenschein glaube, dass du es letztendlich gut mit mir meinst, auch wenn du nicht alles Leid von mir fern hältst.

Bei meiner Konfirmation mussten alle Konfirmanden im Gottesdienst zwei Bibelverse auswendig aufsagen. Den ersten habe ich längst vergessen; der zweite wird mir wohl immer im Gedächtnis bleiben. Weil ich mich als einzige in der ganzen Gruppe verhaspelt habe.

Es waren nur ein paar Zeilen aus Psalm 73, die ich aufzusagen hatte: »In aller Not der Welt dürfen wir sprechen: ›Dennoch bleibe ich stets bei dir, denn du hältst mich bei deiner rechten Hand. Du leitest mich nach deinem Rat, und nimmst mich am Ende mit Ehren an.‹«

Nicht unbedingt ein Spruch aus der Lebenswelt einer Vierzehnjährigen, die sich gerade daran macht, die Welt zu erobern. Ich habe ihn damals einfach gelernt und aufgesagt. Nur bei der Stelle: »Du leitest mich nach deinem Rat« ist mir statt des »deinem« ein »meinem« herausgerutscht. Hätte ich es nicht sofort bemerkt und mich verbessert, wäre wohl niemandem außer dem Pfarrer etwas aufgefallen. So aber habe ich mich in meinen Augen vor der versammelten Gemeinde blamiert – und diesen Text nie wieder vergessen.

Vielleicht sollte das so sein. Damals einfach ein Versprecher, jetzt der Punkt, an dem ich meinen Glauben neu justieren muss: Es geht letztendlich um deinen Willen für mein Leben. Natürlich darf ich auch meinen Willen hineinbringen, dir meine Wünsche und Vorstellungen sagen und darauf vertrauen, dass du sie nach Möglichkeit in deinen Plan für mein Leben einbauen wirst. Aber irgendwann kommt jeder Christ zwangsläufig an den Punkt, wo der eigene Wille und die Lebenswirklichkeit absolut nicht deckungsgleich sind. Und erst da zeigt sich, wie stark der eigene Glaube wirklich ist: Wendet er

sich enttäuscht ab, oder hält er mit einem trotzigen »Dennoch ...«
an dir fest? Willigt er ein in das: »Du leitest mich nach deinem Rat«
und glaubt weiterhin, dass du einen gangbaren Weg für den Rest
des Lebens hast?

Ich stehe vor keiner geringeren Frage als der, ob ich dir weiter
vertrauen will, obwohl ich dich gerade absolut nicht verstehe.

Eigentlich ist meine Antwort klar. Ohne dich kann ich mir mein
Leben nicht mehr vorstellen, dazu habe ich schon viel zu viel Gutes
mit dir erlebt. Auch wenn sich damit nicht alle meine Fragen und
Klagen schlagartig in Luft auflösen werden, auch wenn ich mich
wohl mein ganzes Leben lang immer wieder zu diesem Entschluss
neu werde durchringen müssen – dennoch kann ich deine Frage
eigentlich nur beantworten mit einem: »Ja, ich will. So wahr mir
Gott helfe.«

Das Märchen von der traurigen Königin im Zauberhaus

August 1998

Es war einmal ...

... eine Königin, die wünschte sich so gerne Kinder. Als ihre Zeit
gekommen war, gebar sie erst einen, dann einen zweiten wunderschönen blonden Prinzen.

Aber anstatt sich über dieses Geschenk des Himmels zu freuen,
saß die Königin stundenlang in ihren Gemächern und weinte. Denn,
ach!, ihre Söhne waren nicht so geraten, wie sie es sich gewünscht
hatte. Sie krabbelten statt zu laufen, brabbelten statt zu sprechen,
rollten durch das Schloss, statt auf ihren Steckenpferden zu reiten.
Das stimmte die Königin so traurig, dass sie den ganzen Tag lang
nur noch weinte.

Der König versuchte alles, um seine Gemahlin zu trösten, aber
nichts konnte sie wieder dazu bringen, zu lachen und fröhlich zu
sein.

In seiner Not fragte der König überall im Lande, wer seine Gemahlin wieder zum Lachen bringen könne. Aber niemand wusste Rat.

Eines Tages klopfte ein fremder Wanderer an das Königsschloss und bat um Gehör. »Königin«, sprach er zu der traurigen Mutter, »ich weiß einen Ort, hinter zwei dichten Wäldern und drei grünen Hügeln, wo Ihr das Lachen wieder lernen könnt. Dieses Zauberhaus dürft Ihr aber nicht alleine aufsuchen; Ihr müsst Eure Kinder mitnehmen.« Er beschrieb der Königin den Weg zu diesem Ort und ging.

Die Königin wagte kaum, den Worten des Fremden zu glauben. Aber da es auch nicht schaden konnte, setzte sie die beiden Prinzen in ihre Kutsche und machte sich auf zu dem Ort, den der Wanderer ihr gewiesen hatte.

Erstaunt stellte die Königin fest, dass das Zauberhaus einen ganz gewöhnlichen Eindruck machte. Hinter einer hölzernen Gartentür führte ein schmaler Fußweg zu einem niedrigen weißen Haus mit einem breiten weißen Tor.

Sollte sie es wagen, einzutreten?

Zaghaft nahm die Königin ihre Kinder auf den Arm und öffnete die Gartentür. Nichts rührte sich. So schritt sie den Weg entlang bis an das Häuschen. Das Tor war verschlossen. Etwas ratlos sah sie sich um und erspähte schließlich im linken oberen Eck des Tores einen unscheinbaren Knopf. Vorsichtig drückte sie auf den Knopf – und das weiße Tor öffnete sich. Als die drei eingetreten waren, schloss sich wie von Geisterhand das Tor hinter ihnen.

Die Königin erblickte eigentlich nichts Ungewöhnliches, aber sie spürte, dass sie soeben eine andere Welt betreten hatte. Sie stand in einem breiten Gang, der zu mehreren Zimmern führte, aus denen fröhliches Lachen und Musik drangen. Bunte Bilder schmückten den Gang, daneben hingen hölzerne Rahmen mit so alltäglichen Dingen wie Schuhbürsten, Teppichstücken oder Holzkugeln. Ihr Erstgeborener, Prinz Jacob, fühlte sich an diesem neuen Ort sofort wohl. Er griff in den hölzernen Rahmen, strich mit seiner kleinen Hand über die Bürste und lachte. Prinz Cornelius hatte derweil in einem anderen hölzernen Rahmen Drähte entdeckt, die Töne von sich gaben, wenn man sie berührte. Auch er lachte.

Da trat aus einer der Türen eine junge Frau, gefolgt von einer Schar kleiner Kinder. Einige liefen, aber ein Kind rutschte auf dem Hinterteil vorwärts – genau wie der jüngere Königssohn. Zwei andere Kinder wurden in kleinen Wägelchen geschoben, obwohl sie groß genug waren, um laufen zu können. Die Königin staunte: Man hatte ihr zwar erzählt, dass es außer ihren Söhnen noch mehr Kinder gab, die anders waren als die meisten, aber in so großer Zahl hatte sie solche Kinder noch nie gesehen. Und sie alle schienen glücklich zu sein in diesem Zauberhaus.

Die junge Frau trat auf die Königin zu und hieß sie willkommen. Dann wies sie ihr eine Tür, hinter der die Herrin des weißen Hauses residierte. Auch diese begrüßte die Königin samt ihren Kindern freundlich und führte sie durch ihr Reich.

Je mehr sie erblickte, umso mehr geriet die Königin in Staunen. In diesem Haus gab es ein Wasserbecken, in dem Kinder fröhlich planschten, auch wenn sie dabei von Erwachsenen gehalten werden mussten. Daneben befand sich ein Kämmerchen, in dem leise Musik ertönte und ein weiches Bett zum Ruhen einlud. In einem anderen Saal tobten Kinder. Einige von ihnen trugen Helme auf dem Kopf; ein anderes bemühte sich, mit Hilfe eines schwarz gelockten Jünglings ein paar Schritte an einem Wägelchen zu machen.

»Seht her, Prinzessin Katharina hat es geschafft!«, jubelte dieser, als er die Hausherrin erblickte. Diese lief zu dem Mädchen, hob es glücklich in die Höhe und rief aus: »Katharina hat ihre ersten Schritte gemacht! Das müssen wir feiern!« Der Jüngling lief los und verkündete die frohe Nachricht in allen Räumen. Von überall kamen nun Menschen gelaufen, die sich um Katharina drängten, sie umarmten und lobten. Das kleine Mädchen strahlte. Wieder und wieder griff sie zu ihrem Wägelchen, um damit noch einmal einen Schritt zu gehen. Es bereitete ihr Mühe, aber die Begeisterung der anderen spornte sie an.

»Die Ärzte haben gesagt, Katharina würde nie laufen lernen«, erklärte die Hausherrin der Königin. »Aber Prinzessin Katharina hat diese Weissagung widerlegt.«

»Wird sie jemals richtig gut laufen können, rennen und springen wie andere Kinder?«, fragte die Königin ungläubig.

»Sicher nicht«, entgegnete der Jüngling, der mit Katharina das Laufen geübt hatte. »Aber für ihre Verhältnisse hat sie heute Großartiges geleistet.«

Bei diesen Worten horchte die Königin auf. »Für ihre Verhältnisse ... Großartiges«, hatte der Jüngling gesagt? Für eine Fünfjährige, die soeben etwas vollbracht hatte, was alle normalen Kinder vier Jahre früher schafften?

Diese Worte klangen so anders als alles, was die Königin bisher gehört hatte. Wenn die Ärzte über ihre Kinder gesprochen hatten, hatten sie Worte gewählt wie »nicht altersgerecht« oder »stark verzögert«. Worte, die verletzten und traurig stimmten.

Diese neuen Worte des Jünglings fielen tief ins Herz der Königin und begannen dort, langsam und noch unbemerkt, ihre Trauer aufzulösen. Wenn sie all diese Kinder beobachtete, die in irgendeiner Hinsicht »nicht altersgerecht« waren, aber dennoch fröhlich lachten und »für ihre Verhältnisse Großartiges« vollbrachten, wurde ihr warm ums Herz.

Gerne hätte sie noch länger an diesem wunderbaren Ort verweilt, doch, ach, ihre Pflichten riefen sie zurück in ihr Schloss. Doch bevor sie ihre Prinzen wieder in die Kutsche setzte, bat sie die Herrin des weißen Hauses, ihr noch eine letzte Frage zu beantworten: Dürfte sie mit ihren Söhnen wiederkommen?

Die Hausherrin nickte und sprach dann einen Satz, der das so schwere Herz der Königin gleich wieder etwas leichter machte: »Wenn die Ernte eingefahren ist, werden uns mehrere Kinder verlassen. Dann kann Prinz Jacob gerne jeden Tag hierher kommen. Und sobald Prinz Cornelius das zweite Lebensjahr vollendet hat, ist auch er hier willkommen.«

Das Herz der Königin hüpfte vor Erleichterung und Glück. Ja, der Wanderer hatte Recht gehabt; hier konnte ihr trauriges Herz Heilung finden. Als sie ihre Kinder auf den Arm nahm, kamen ihr diese nicht mehr so schwer vor, und sie konnte sich seit langem wieder einmal an ihrem fröhlichen Lachen erfreuen.

»Sagt an, gute Frau«, bat sie die Hausherrin, »trägt Euer Zauberhaus auch einen Namen, den ich meinem Gemahl nennen kann?«

»Unser Zauberhaus ist nur eines von vielen, und sein kompletter Name ist lang. Aber ich nenne ihn gerne. Er lautet: Heilpädagogischer Förderkindergarten der Lebenshilfe e. V. Höhn.«

Daraufhin durchschritt die Königin das weiße Tor und spannte ihre Kutsche an. Als sie einen letzten Blick zurück auf das weiße Haus warf, erblickte sie in einem Fenster ein buntes Plakat. Kinderzeichnungen umrahmten in großen Lettern geschriebene Zeilen:

»Es ist normal, verschieden zu sein.«

Ein Lächeln schlich sich auf das Gesicht der Königin. Wie gut dieser Spruch klang! Sie las ihn sich selbst noch einmal laut vor, und beschloss, ihn nie wieder zu vergessen.

Und weil sie nicht gestorben ist, liebt sie diesen Satz noch heute.

Und weil der Förderkindergarten nicht geschlossen wurde, lachen dort noch heute Kinder, die anders sind als die meisten und trotzdem Großartiges vollbringen.

Löcherkäse

Dezember 1998

Fast alle Kinder lieben Emmentaler Käse. Das ist der mit den großen Löchern. Deshalb gab es, soweit ich mich in meine Kindheit zurück erinnern kann, auch bei uns regelmäßig Löcherkäse als Brotbelag.

Unter uns drei Kindern entbrannte ebenso regelmäßig ein Streit darüber, ob man die Löcher im Käse mit einer weiteren Scheibe »stopfen« dürfe oder nicht. Unsere Meinungen dazu waren durchaus flexibel. Es ging uns nicht um das Prinzip, sondern darum, ob ich gerade eine Scheibe mit kleinen Löchern erwischt hatte, der Bruder aber eine mit großen. Wie Kinder nun einmal sind, fühlte sich der Bruder in diesem Fall zutiefst ungerecht behandelt. Vom Käse, vom Zufall, vom Leben allgemein.

Sobald er aber daranging, mit Stücken einer zweiten Scheibe Käse die größten Löcher zuzudecken oder gar gleich eine weitere ganze

Scheibe auf sein Brot zu legen, war ich die grob Benachteiligte. Denn auch meine Scheibe hatte ja Löcher, und der Bruder hatte jetzt an manchen Stellen doppelten Käse auf seinem Butterbrot. Kann man sich etwas Ungerechteres vorstellen?

Unsere Eltern ertrugen den immer wieder einmal aufflammenden Geschwisterstreit mit bewundernswerter Geduld. Sie wiesen uns im Laufe der Jahre mindestens 681 Mal darauf hin, dass der eine heute genau so ungerecht davon kam wie der andere am Vortag.

Mein Vater, immerhin Physiklehrer, erklärte uns, wie die Löcher im Käse entstanden waren, und dass es nach allen Regeln der Naturwissenschaften ohne die Löcher auch keinen Käse geben könne. Dass jede noch so löchrige Scheibe irgendwo Käse enthalten muss, dass keine Käsescheibe denkbar ist, die nur aus Löchern besteht.

Meine Mutter sah die Sache eher pragmatisch: Wenn ich unbedingt Emmentaler Käse auf mein Brot haben wollte, musste ich eben die Löcher akzeptieren. Und ich sollte dann halt nicht auf die Löcher starren, sondern auf den Käse achten. Sonst würde ich den guten Emmentaler-Geschmack doch gar nicht mehr merken.

So etwas Ähnliches könnten meine Eltern auch heute noch zu mir sagen.

Ja, in meinem Leben gibt es gewaltige Löcher: All die eigentlich ganz normalen Erwartungen an meine Kinder, die sich nie erfüllen werden. Je länger ich diese Löcher anstarre, desto stärker erfüllt mich das Gefühl, »wieder einmal« völlig ungerecht behandelt worden zu sein. Vom Zufall, vom Leben, von Gott.

Und trotzdem muss es zwischen den Löchern Käse geben. Wie schon Papa immer wieder nachgewiesen hatte, ist ein Käse, der nur aus Löchern besteht, rein empirisch unmöglich. Und wie Mama mir immer wieder geraten hatte, sollte ich mich lieber über diesen Käse rund um die Löcher freuen.

Nur war ich nach der Geburt von Cornelius kaum noch in der Lage gewesen, überhaupt etwas Käse zwischen all den als so riesengroß empfundenen Löchern in meinem Leben zu entdecken.

So lange, bis Jacob in den Förderkindergarten kam.

Schon in den ersten Wochen lerne ich dort drei Mütter kennen, mit denen ich um nichts in der Welt tauschen würde.

Eine von ihnen wird vielleicht nie herausfinden, ob ihre Tochter über ein rudimentäres Sehvermögen verfügt oder tatsächlich völlig blind ist. Im Normalfall wäre so etwas ja leicht erkennbar. Aber Laura ist kein Normalfall. Sie kann nicht sprechen und sich kaum selbstständig bewegen. Was sie möchte, muss man an ihrer schwachen Mimik ablesen. Verzieht sie nun bei einem starken Lichtreiz das Gesicht, oder nicht?

Und Lauras Mutter nimmt das Mädchen in die Arme, drückt ihr einen Kuss auf die Wange und flüstert ihr zu: »Ich weiß, dass du spürst, wie lieb ich dich habe. Du bist einfach meine Laura, da ist alles andere doch gar nicht so wichtig.«

Als ich mich zu Jacob hinunter beuge, spüre ich einen dicken Kloß im Hals. Jacob entwickelt sich zwar viel langsamer als alle Nachbarskinder, aber er entwickelt sich, er lernt ständig Neues dazu.

Und zum ersten Mal staune ich darüber, dass ich mit meinem Sohn kommunizieren kann. Nein, Jacob redet noch nicht flüssig, aber er kann deutlich zeigen, was er will. Er erzählt mir, was ihm Freude oder Kummer bereitet. Er kann lachen und protestieren, er kann seinen kleinen Bruder hauen und umarmen. Er kann sich ausdrücken – was für ein köstliches Stück Käse zwischen all den Löchern!

Es beschämt mich zutiefst, dass ich erst Laura und ihre Mutter kennenlernen musste, um das überhaupt zu bemerken.

Im Laufe der ersten Monate zeigen mir Jacobs Erzieherinnen noch viele weitere leckere Käsestücke an meinem Sohn. Sie ignorieren die Löcher nicht; aber hier ist es völlig normal, Defizite zu haben. Was zählt, sind die positiven Seiten.

Jacob kann nicht frei laufen? Also darf er, stolz wie Oskar, nach dem Frühstück den Geschirrwagen in die Küche schieben. Das wird seine feste Aufgabe, er ist plötzlich ganz wichtig für den ordentlichen Tagesablauf. Dass er eines Tages mit einem anderen Kind Wettrennen spielt, der Wagen umkippt und die Hälfte des Geschirrs zu Bruch geht, ist auch keine Katastrophe.

Jacob kann keinen Stift halten? Hier liegen schon Stifte mit für Spastiker geeigneten Griffen. An Jacobs fahrig gezeichneten Bildern erklären mir die Erzieherinnen, wie sorgfältig er die Farben ausgesucht und miteinander kombiniert hat.

Immer wieder erzählen sie mir begeistert, wie sicher und geschickt mein Sohn klettern kann, wie offen er auf fremde Menschen zugeht, wie selbstsicher er auftritt, wie ausdauernd er sich darum bemüht, neue Herausforderungen zu meistern. Als Jacob mit knapp vier Jahren das erste Mal ein großes Geschäft auf der Toilette macht, feiern sie spontan ein kleines Freudenfest.

So bringen sie mir allmählich bei, die Löcher in den Fähigkeiten meiner Kinder einfach als gegeben hinzunehmen und mehr auf den Käse zwischen den Löchern zu achten. Ich schmecke, kaue langsam, genieße – und beginne, mich darüber zu freuen.

Keine weiteren Fragen

Februar 1999

Ich bin und bleibe eine Lernende.

Nicht bei Professoren, sondern bei Müttern.

Nicht, indem ich ihren Vorlesungen zuhöre, sondern indem ich sie beobachte.

Zum Beispiel Juliane. Sie ist eine der Mütter aus dem Förderkindergarten, mit denen ich um nichts in der Welt tauschen wollte.

Ihre Tochter Alicia machte kurz vor ihrem ersten Geburtstag die ersten wackligen Gehversuche, sagte deutlich: »Mama« und einige andere Worte. Aber dann ging ihre Entwicklung einfach nicht weiter. Schlimmer noch, Alicia verlernte das Laufen und Sprechen wieder; ihre Entwicklung läuft rückwärts. Seither kämpft Julianes ganze Familie zusammen mit Logopädin, Ergotherapeutin, Krankengymnasten und den Erzieherinnen des Kindergartens darum, dass Alicia nicht noch mehr Fähigkeiten verliert.

Aber heute ist das nicht so wichtig; heute ist Karnevalsumzug im Dorf. Die Kinder aus der Bärengruppe tragen rote Zipfelmützen und Fellbärte, eine Erzieherin geht ihnen als Schneewittchen voran. Im Laufe des Umzugs löst sich die anfänglich strikte Reihenfolge von Karnevalsverein, Kindergarten, Förder-Kita, Grundschule und »Mitläufern« auf. Irgendwann erscheint eine kleine Biene Maja neben Juliane und mir und betrachtet mit erstauntem Blick die beiden Zwerge in ihren Buggys.

»Wie alt bist du denn?«, fragt sie schließlich Alicia.

»Sechs«, antwortet Juliane an der Stelle ihrer Tochter.

»So alt bin ich auch«, stellt Biene Maja erstaunt fest. »Warum sitzt die denn im Buggy? Kann die nicht laufen?«

»Nein«, sagt Juliane ganz ruhig, während ich mir in Gedanken einen prinzipiellen Vortrag zum Thema Behinderung zurechtlege.

»Und kann die nicht sprechen?«, bohrt das Mädchen weiter nach.

»Nein.«

»Was kann die denn überhaupt?«, wundert sich Biene Maja.

Nichts dafür, dass sie so auf die Welt gekommen ist!, schießt es mir durch den Kopf.

Aber Juliane bleibt immer noch ruhig und lächelt die kleine Biene an.

»Schaukeln«, antwortet sie, und verschweigt, dass sie dabei an die Nestchenschaukel denkt, in der Alicia liegt, während andere die Schaukel anstoßen.

»Musik hören«, ergänzt sie noch. »Abends pünktlich ins Bett gehen. Und lieb sein. Kannst du das auch?«

Biene Maja schluckt, zögert einen Moment, blickt Alicia an und fragt schließlich: »Wie heißt die denn?«

»Alicia.«

Damit ist das Gespräch beendet. Aber Maja fliegt nicht zu ihrem Bienenschwarm zurück, sondern läuft weiter neben uns her, lässt das Zwergenmädchen nicht mehr aus den Augen. Als Alicia ihren Arm aus dem Buggy streckt, nimmt die Biene ihre Hand und lässt sie den ganzen Weg über nicht mehr los. Fragen stellt sie keine mehr.

Offensichtlich hat sie beschlossen, Alicia zu mögen.

Da erübrigen sich alle weiteren Fragen.

Paradies

Juli 1999

Die Frage nach dem tieferen »Warum« der Behinderung von Jacob und Cornelius stelle ich mir schon lange nicht mehr. Dafür stellen andere Leute sie mir, besonders dann, wenn sie erfahren, dass wir auch beruflich mit Gott zu tun haben.

Ein bloßes Schulterzucken stellt in diesem Fall keine gute Antwort dar. Andererseits bin ich nach wie vor nicht in der Lage, einen schlüssigen Grund für das Leid in meiner Familie oder bei anderen Leuten zu erkennen. Also musste ich mir eine Antwort zurechtlegen, die nichts erklärt und dennoch mehr als nichts aussagt.

Ich habe so eine Antwort gefunden. Sie ist fürchterlich banal, und sie hilft nicht wirklich weiter. Aber es ist wenigstens eine Antwort.

Für Menschen, die mit dem Wort »Gott« nichts anfangen können, lautet sie: »Weil die Welt nun einmal so ist, wie sie ist.«

Allen anderen kann ich sagen: »Weil diese Welt nun einmal nicht das Paradies ist.«

Seit Adam und Eva nicht mehr.

Ich könnte die beiden auf den Mond schießen dafür. Und bin mit diesem Wunsch sicher nicht alleine. Ich nehme sogar an, dass Gott höchstpersönlich der allererste war, den es in den Fingern gejuckt hat, die beiden von der Erde weg auf deren Trabanten zu verbannen. Im Gegensatz zu allen Menschen, die es später danach gelüstet hat, hätte er diesen Gedanken sogar in die Tat umsetzen können.

Warum er es nicht getan hat?

Vielleicht wegen der Szene, die sich gerade vor meinem Küchenfenster abspielt: Da sitzen zwei strohblonde Jungs mit roten Kappen auf dem Kopf im Planschbecken und bescheren, quietschend vor Vergnügen, dem Rasen um sich herum eine zweite Sintflut. Dass beide noch nicht laufen können, ist im Moment völlig nebensächlich. Sie genießen einfach, was der Schöpfer ihnen und Milliarden anderen Kindern auf dieser Welt damals gelassen hat: blauen Himmel, Sonne und grüne Wiesen statt kaltem, kahlen Mondgestein.

Auch wenn seither zwischen den Blumen Unkraut wächst, auch wenn seither zwischen den gesunden Menschen kranke leben, trotz alledem: Das hast du gut gemacht, Gott.

Meine Gedanken bleiben bei Adam und Eva hängen.

Ja, ich könnte sie auf den Mond schießen dafür, dass sie damals wegen eines einzigen Stückes Obst das Leben in deiner Nähe verspielt haben. Ohne ihren Sündenfall wäre diese Welt noch das Paradies, wäre Gott greifbar nahe und keine Krankheit, keine Behinderung, kein Leid hätte neben ihm noch Platz. Wie konnten Adam und Eva nur so blöd sein und der Schlange glauben?

Hätte ich es besser gemacht?

Je länger ich darüber nachdenke, desto mehr muss ich eingestehen: Ich fürchte, ich hätte es auch nicht besser gemacht. Denn was Adam und Eva angetrieben hat, das entdecke ich auch bei mir.

Sie haben alle Segnungen des Paradieses gerne angenommen. Und trotzdem blieb da wohl so ein unbestimmtes Gefühl in ihrem Herzen: Könnte es sein, dass Gott uns trotzdem noch etwas vorenthält? Etwas, das uns eigentlich zustehen müsste? Die Frucht von diesem einen verbotenen Baum …

Und schon hatte die Schlange einen wunderbaren Anknüpfungspunkt, um den Menschen zum Misstrauen gegenüber Gott zu verführen.

Eine jahrtausendealte Geschichte, vielleicht auch nur eine Parabel auf die menschliche Wesensart. Aber eine, die mir näher ist, als es auf den ersten Blick scheint.

Ich brauche nicht einmal eine Schlange, die mich verführt – das schaffen meine Gedanken ganz alleine. Sie spielen einfach zu gerne Schlange und flüstern mir immer wieder ins Ohr: »Da ist doch etwas, das Gott dir vorenthält. Er gönnt dir nicht einmal etwas so völlig Selbstverständliches wie ganz normale Kinder. Darauf hättest du doch eigentlich einen Anspruch …«

Hatten Adam und Eva einen Anspruch auf ausnahmslos alles Obst im Garten Eden?

Natürlich nicht. Gott hat ihnen von sich aus alles zur freien Verfügung überlassen – alles, bis auf eben diesen einen Baum, um den sich ihre Gedanken immer wieder drehten.

Auch meine Gedanken kreisen immer wieder um diesen einen Punkt, an dem ich mich von Gott betrogen fühle. Alles andere, was er mir ohne eigenes Verdienst geschenkt hat, nehme ich problemlos als selbstverständlich hin: finanzielle Sicherheit, einen treuen Ehemann, medizinische und pädagogische Hilfen, sauberes Wasser aus der Leitung, eine geräumige Wohnung und, und, und. Ich habe vor meiner Zeugung nichts dafür bezahlt, in eine gut situierte Familie im reichsten Drittel der Welt hineingeboren zu werden. Nicht einmal darauf hätte ich einen Anspruch gehabt.

Habe ich, hat irgendein Mensch, eigentlich einen Anspruch auf gesunde Kinder? Haben Jacob und Cornelius, hat irgendein Mensch, einen Anspruch auf Gesundheit?

Die Antwort auf diese Frage ist nicht angenehm, aber ich komme nicht an ihr vorbei. Sie lautet schlicht und einfach: Nein.

Nein, nirgends in der Bibel finde ich einen Anspruch darauf, dass Christen vor allen möglichen Krankheiten und Unglücken verschont würden. Auch wir sind Teil dieser nicht-paradiesischen Welt, und Leiderfahrungen können uns jederzeit genauso treffen wie alle anderen Menschen auch.

Wenn ich also keinen Anspruch auf gesunde Kinder habe, dann habe ich auch keinerlei Recht, Gott ihre Behinderung vorzuwerfen. Meine ganzen bitteren Gedanken gegenüber Gott sind im Grunde nichts anderes als das, was Adam und Eva damals im Paradies getan haben: Sie trauten Gott nicht zu, dass er es wirklich gut mit ihnen meinte.

Die beiden haben sich damit das Paradies verspielt.

Bei mir braucht es nicht einmal einen Engel mit feurigem Schwert, der den Zugang zum Paradies versperrt – auch das schaffen meine Gedanken ganz alleine. Der ständige unterschwellige Groll, der doch noch immer wieder einmal hochkommt, schiebt sich wie eine undurchdringliche Wand zwischen Gott und mich.

So bin auch ich manchmal drauf und dran, das zu verspielen, was wir seit Jesus vom Paradies wieder haben können: Gottes Nähe. Seine Hilfe, seine Kraft.

Ich verbaue mir den Zugang zu alledem, wenn ich zulasse, dass meine Gedanken Schlange spielen. Wenn ich ihnen in diesen Momenten glaube, wenn ich ihnen Raum gebe, um ihre Lügen zu verbreiten.

Aber ich will der Schlange und ihren Einflüsterungen, dass Gott es nicht wirklich gut mit mir meine, keinen Glauben schenken.

Denn wenn ich nach draußen zum Planschbecken sehe, dann habe ich doch direkt vor Augen, dass sie lügt. Okay, Gott hat mich nicht vor Problemen bewahrt, aber er hat mich auch nicht wirklich zu kurz kommen lassen. Wie viel Hilfe habe ich erfahren, wie viel Lebensfreude verbreiten meine beiden Jungs!

Ich will mich mit meinen Kindern freuen, statt mit Adam und Eva mein Misstrauen gegen Gott zu pflegen und damit mein Paradies zu verspielen.

Blaue Flecken und mehr

Juli 1999

Mein Vater hatte für die Erziehung seiner Kinder ein Motto: Kinder ohne blaue Flecken haben keine glückliche Kindheit.

Nein, er meinte damit nicht, dass man Kinder schlagen solle oder auch nur dürfe! Unsere blauen Flecken sollten ausschließlich davon stammen, dass wir draußen nach Herzenslust herumtoben, auf losen Steinwällen Wettrennen austragen und jede Mauer besteigen durften. Er verbot uns nicht, auf Bäume zu klettern, sondern brachte uns bei, beim Fallen auf den Füßen zu landen.

Tatsächlich waren von März bis Oktober aufgeschrammte Knie, zerkratzte Beine, blaue Flecken und verschlissene Hosen an der Tagesordnung. Knochenbrüche holten wir uns nie. Eine Generation, bevor moderne Pädagogen und Ärzte darauf kamen, wusste mein Vater bereits: Kinder, die sich wenig bewegen, ziehen sich schneller schwere Verletzungen zu als solche, die ihre Fähigkeiten regelmäßig bis an die Grenzen austesten.

Wenn ich später Mütter beobachtete, die ängstlich ihre Kleinen vom TÜV-geprüften Klettergerüst fernhielten, stieg in mir jedes Mal ein Gefühl der Dankbarkeit gegenüber meinem Vater hoch, gepaart mit dem festen Entschluss, dem Bewegungsdrang meiner Kinder ebenfalls nur die allernötigsten Grenzen zu setzen.

Nun können Jacob und Cornelius ihren Bewegungsdrang nicht auf Bolzplätzen ausleben; das erlauben ihre Beine nicht. Dafür hat Jacob sich im Laufe der Jahre, in denen er sich robbend und krabbelnd fortbewegt hat, ein Kreuz à la Arnold Schwarzenegger zugelegt. Wo er sich mit den Händen festhalten kann, hält er sich fest, besser und ausdauernder als andere Kinder in seinem Alter. Jeder Baum, jedes Klettergerüst reizt ihn zu neuen Eroberungen. Egal, ob es um Sprossen oder locker durchhängende Seile geht, ob er an einer Stange oder über eine Rutsche wieder hinunter kommt – Jacob probiert alles aus, versucht es bei Misserfolgen noch einmal, sucht notfalls nach anderen Möglichkeiten, sein Ziel zu erreichen.

Wir hindern ihn nicht daran, im Gegenteil. Denn wie sollte er mehr Gespür für seinen Körper bekommen, wie sollte er mehr Geschicklichkeit entwickeln, wenn wir ihn in Watte packen und ihm jede eigenständige Eroberung seiner Umwelt ängstlich verbieten würden?

Wir kennen unseren Sohn und wissen, dass er nicht nur enorme Kraft in den Armen hat, sondern auch mit erstaunlicher Sicherheit gefährliche Situationen erkennt. So können wir ihn durchaus seine Fähigkeiten austesten lassen.

Andere Leute kennen Jacob nicht so gut. Sie wissen meist nur, dass er keinen einzigen Schritt frei laufen kann. Daraus schließen sie automatisch, dass dieses Kind immer und überall stürzen würde. Und verfallen in Panik, während wir seelenruhig anderen Dingen nachgehen.

Manchmal fürchte ich, wir gelten in der Nachbarschaft bereits als verantwortungslose Rabeneltern. Und das nur, weil wir Jacob auf dem Treppenabsatz vor der Haustüre haben spielen lassen, der zur Straße hin einen halben Meter senkrecht abfällt. Wir waren im

Garten beschäftigt und warfen immer wieder einen Blick auf Jacob, einfach zur Sicherheit. Was wir nicht sahen, war die Frau von gegenüber, die wiederum uns nicht sah. Aber sie sah sehr deutlich, dass der behinderte Junge fröhlich direkt an der Treppenkante hockte. In heller Aufregung rannte sie über die Straße, nahm den protestierenden Jacob auf den Arm und klingelte Sturm. Keine Reaktion, wir waren ja draußen. Also machte sie sich auf die Suche nach uns.

Ob wir gewusst hätten, wo unser Sohn war? Ja, das hatten wir. Ob wir uns im Klaren darüber waren, dass Jacob jederzeit auf die Straße hätte stürzen können? Nein, das waren wir nicht. Denn Jacob würde keinen halben Zentimeter zu weit über die Kante hinaus krabbeln. Ich fürchte, wir konnten die Nachbarin nicht sonderlich gut überzeugen.

Ähnlich erging es Martin, als er Jacob mitnahm zum Aufbau für einen Jugendabend in der Turnhalle. Während er Bänke schleppte, krabbelte Jacob fröhlich zwischen Teenies, Kisten und Kabelrollen herum. Fröhliche Gespräche, Lachen und Zurufe hallten durch den Raum. Bis auf einmal alles still wurde, und ein Dutzend bange Augenpaare nach oben starrten. Auf der freistehenden Leiter, die der Lichttechniker gebraucht hatte, um seine Strahler an der Hallendecke zu befestigen, stand Jacob. In fünf Metern Höhe. Unter seinen Füßen eine Leitersprosse, darunter nur noch gähnende Leere.

»Martin, Martin, Martin«, drängten sich die Mädchen um ihren Pastor, »tu doch was! Aber bring das Kind bloß nicht in Panik!« In Gefahr, die Nerven zu verlieren, standen die Jugendlichen wohl wesentlich stärker als Martin oder gar Jacob. Aber auch Martin hatte kein Interesse daran, seinen Sohn in luftiger Höhe übernachten zu lassen. »Jacob, kommst du da wieder runter?«, rief er hinauf. In so selbstverständlich-ruhigem Ton, als fordere er ihn auf, seine Schuhe anzuziehen. Von oben kam ein kurzes zustimmendes »Ga«, und Jacob stieg bedächtig Sprosse um Sprosse abwärts. Wäre die Turnhalle ein Heißluftballon, so hätte sie wahrscheinlich abgehoben, bei all der Luft, die die Teenies angehalten hatten und die sie nun allesamt erleichtert auspusteten.

Natürlich zieht auch Jacob sich blaue Flecken zu. Nicht beim Klettern, sondern eher bei Laufversuchen und rasanten Fahrten auf

Bobby Car oder Dreirad. Aber er ist hart im Nehmen. Fällt er hin, so steht er eben wieder auf. Geheult wird am ehesten, wenn Stunden später der Papa nach Hause kommt und man ihm das Unglück möglichst dramatisch erzählen muss.

Die erste Platzwunde zieht sich Jacob ausgerechnet auf einer Jugendfreizeit zu, noch dazu auf der Tagesfahrt nach Oslo. Als wir aus dem Bus steigen, stürzt Jacob die hohen Stufen hinunter und schlägt sich den Hinterkopf an einer Stufenkante auf. Sechzig entsetzte Jugendliche umringen uns und unser Kind, dem das Blut schon über den Rücken läuft. Worte wie »Rettungswagen«, »Notarzt« und »Krankenhaus« schwirren um uns herum. Und ich denke nur: Mist, im Krankenhaus befürchten die womöglich eine Gehirnerschütterung und behalten ihn da. Bloß das nicht!

Aber so weit kommt es nicht. Gabi, unsere Krankenschwester, schnappt sich eine der Stoffwindeln, die wir als Lätzchen und Spucktuch dabei haben, und läuft zum offenen Brunnen, der mitten auf dem Busparkplatz vor sich hin plätschert. Sie tränkt das Tuch mit Wasser und presst es auf die Wunde.

»Das Wasser ist doch dreckig, da kommen Keime in die Wunde!«, protestiert ein Mädchen. Ich habe noch unseren Kinderarzt im Ohr, der mich bei einer Schnittwunde in Jacobs Finger beruhigt hat: Kleinkinder hätten bei blutenden Wunden eine sehr gute Immunabwehr; Jacob könnte den Finger in ein Jauchefass stecken, ohne sich eine Blutvergiftung zuzuziehen. Da wird das Brunnenwasser auch keinen Schaden anrichten.

Gabi stimmt mir zu. Als kein Blut mehr aus der Wunde kommt, begutachtet sie den Riss in der Kopfhaut. Er klafft ein wenig, aber nicht so sehr, dass man ihn unbedingt nähen müsste. Also bedecke ich die Wunde sicherheitshalber mit einer weiteren Mullwindel, die von Jacobs Kappe auf dem Kopf gehalten wird. Dann ziehen wir los, die Stadt erkunden. Sollte die Wunde noch einmal bluten, weiß ich ja, was ich tun muss.

Aber Jacobs Kopfhaut hält zusammen. So lange, bis Jacob drei Tage später mit seinem Bobby Car vor unserer Hütte etwas zu schnell den Berg hinuntersaust. Sein Gefährt kippt um, und gleich rinnen wieder gruselig anzusehende Ströme Blut über seinen

Kopf. Diesmal wissen die Jugendlichen Bescheid. Kaum bin ich zu meinem Bruchpiloten gespurtet, drückt mir ein Mädchen ein nasses Geschirrtuch in die Hand.

So lehrreich kann es sein, kleine Kinder auf Jugendfreizeiten mitzunehmen. Ich hege die Hoffnung, dass einige der Teenies nach diesen Erfahrungen keine nervösen Zuckungen bekommen, wenn ihre eigenen Kinder irgendwann den ersten Baum besteigen. Sondern dass sie das Motto meines Vaters ebenfalls umsetzen und ihren Kindern eine glückliche Kindheit gönnen werden – blaue Flecken und auch mal eine Platzwunde inklusive.

Sprechgenie 1

Februar 2003

Wenn es einen Wettbewerb für die beste euphemistische Formulierung des Jahres gäbe, würde ich Jacobs letztes Zeugnis einreichen. Er bekommt keine Noten, sondern eine schriftliche Beurteilung. Und da steht: »Jacob ist sehr kommunikativ.«

Ja, so kann man es auch ausdrücken, wenn ein Kind das Kunststück fertig bringt, 30 Stunden pro Tag zu reden. Sinnvolles und weniger Sinnvolles, Verständliches und weniger Verständliches, Hauptsache, der Mund bewegt sich.

»Warst du überrascht, als er dich angerufen hat?« Nach zehn Minuten Rätselraten weiß ich, in welchem Film Jacob sich gerade befindet: Vor drei Jahren hat mein Bruder mich angerufen, um mir die Geburt seiner Tochter zu verkünden.

»Warum stand die Motorhaube offen?« Irgendwann sind wir wohl auf der Autobahn an einer Autopanne vorbeigekommen. Offene Motorhauben üben eine unerklärliche Faszination auf Jacob aus. Sein Erinnerungsvermögen an solche Szenen ist wesentlich höher als das für das Einmaleins. Er setzt eben eigene Prioritäten im Leben.

»Was machen wir morgen?« »Und dann?« »Und dann?« »Und dann?« Diese Fragen kann man weitertreiben, bis man am Ende der

Apokalypse angekommen ist. Herrlich, dass man dann endlich in einer zeitlosen Welt landet, in der es kein »Und dann« mehr geben kann. Das ist für mich inzwischen ein wesentlicher Bestandteil des Paradieses.

Ich verstehe schon jetzt nicht mehr, wie wir noch vor zwei Jahren sehnsüchtig darauf gewartet haben, dass unser Sohn endlich anfängt, ganze Sätze zu sprechen. Wie konnten wir nur ein Ende der wohligen Zeiten längerer Redepausen herbeiwünschen?

Jetzt steigt mein Adrenalinspiegel jedes Mal schon eine halbe Stunde, bevor wir ein öffentliches Verkehrsmittel betreten. Denn da habe ich keine Chance, Jacob einfach weiter zu lotsen, wenn er mal wieder von völlig unbekannten Mitreisenden alles Mögliche wissen will. »Bist du eine Oma?«, fragt er die Frau in der Reihe vor uns.

Die verdutzte Zwanzigjährige wird einer Antwort enthoben, weil bei dem Herrn neben ihr das Handy klingelt. Er nimmt es aus der Tasche, meldet sich und wird sofort von Jacob gelöchert: »Wer ruft dich da an?« – »Hat der auch ein Handy?« – »Ist das deine Mama?« – »Mit wem redest du?« Ununterbrochen, im Schnellfeuergewehr-Tempo, ohne eine Antwort abzuwarten, ohne auf meine Ermahnungen zu achten, aber bei jeder Frage lauter und näher am Ohr des Telefonieren-Wollenden. Ich bereite dem Ganzen schließlich gewaltsam ein Ende, indem ich Jacob den Mund zuhalte. Jetzt endlich hört er meinen Befehl, den Mann in Ruhe telefonieren zu lassen.

Dafür bin ich jetzt das Opfer seines Redeflusses: »Hat der Mann ein Baby? Muss das noch gefüttert werden? Wohin fährt er jetzt? Hat er kein Auto? Ist sein Auto in der Werkstatt?«, und so weiter und so fort. Manchmal fürchte ich, Jacob verwechselt mich mit dem lieben Gott. Zumindest, was die Allwissenheit angeht.

Abends hat unser Ältester besonders viele Fragen. Da hilft nur ein entschiedenes: »Gute Nacht«, Licht ausschalten und das Zimmer verlassen. Man hört ihn dann noch lange; er redet sich mit Selbstgesprächen in den Schlaf.

Das haben wir einmal vergessen unseren Babysitterinnen zu erklären. Zwei Jugendliche aus der Gemeinde waren begeistert gewesen von unserem Vorschlag, auf die beiden »ach so süßen Jungs« aufzupassen, während wir auf eine Geburtstagsfeier gingen. Ihre Aufgabe war denkbar einfach. Die Kinder hatten gegessen, waren umgezogen und gewickelt und mussten nur noch um acht ins Bett gelegt werden.

Andere Kinder erscheinen danach – besonders bei neuen Babysittern – gerne noch x-mal, weil sie Durst haben, Pipi müssen, Angst haben, ihr Kuscheltier verlegt haben, nicht schlafen können. Solche Szenen hatten Lena und Chrissi nicht zu befürchten. Cornelius machte noch keine Anstalten, über das Gitter seines Bettchens zu klettern. Jacob liebte sein Hochbett; die Leitersprossen taten seinen Füßen allerdings zu sehr weh, als dass er sie barfuß herunter gestiegen wäre. Die beiden Teenies konnten in Ruhe fernsehen, und wir konnten entspannt die Feier bei unseren Freunden genießen.

Wir hatten zur Sicherheit das Handy mitgenommen, aber natürlich klingelte es nicht. Gegen elf Uhr fuhren wir auf den Parkplatz vor unserem Haus – und sahen Licht im Kinderzimmer! Was war da passiert? Mit Alarmstufe Rot im Kopf stürmten wir ins Haus. Und was für ein Anblick bot sich uns? Cornelius hatte sich die Decke über den Kopf gezogen und schlief längst. Lena und Chrissi hockten auf den Kinderstühlen vor Jacobs Bett und kämpften heroisch gegen den Schlaf. Und oben klebte Jacob vergnügt am Gitter seines Hochbetts und quatschte putzmunter seine Babysitterinnen voll. Wohl wissend, dass sie auch nur zwanzig Sekunden Unterbrechung in seiner Fragestunde zur Flucht genutzt hätten.

Etwas verschämt erklärte uns Chrissi, sie habe in einem Erziehungsbuch gelesen, dass kleine Kinder alle ihre Fragen, und seien sie noch so abwegig, beantwortet bekommen sollten. Sonst könnten sie ihr Urvertrauen in die Erwachsenen und in die Welt verlieren. Genau das hatten sie heute Abend versucht. Nur, so schwierig hatten sie sich das nicht vorgestellt. Dass Jacob tatsächlich drei Stunden am Stück Fragen stellen konnte …

Ja, er kann. Das mit dem Fragen-Beantworten mag für gewöhnliche Kinder zutreffen; bei Jacob müssen die Erwachsenen irgendwann einen Selbstschutz-Instinkt entwickeln. Besonders abends. Wie sagte schon Bernard Shaw so treffend: »Kinder verschieben nichts auf morgen, was sie heute daran hindern könnte, ins Bett zu gehen.«

Jacob wird ins Bett gelegt und kommt dann nicht mehr heraus. Aber er hat seinen eigenen Weg gefunden, Bernard Shaw doch Recht zu geben.

Verloren – gefunden 1

Juli 2003

Es ist völlig normal, dass ein Kind im Laufe seiner ersten zehn Lebensjahre einmal verloren geht. Auf dem Jahrmarkt, im Kaufhaus, im Wald – eine Gelegenheit dazu, im Handumdrehen aus dem Blickfeld der Eltern verschwunden zu sein, bietet sich immer.

Aber bei Cornelius ist vieles nicht ganz normal. Entweder er macht Dinge gar nicht, oder er macht sie besonders gründlich. Beim Thema »Verloren gehen« hat er sich für die zweite Variante entschieden.

Den ersten zaghaften Versuch hat Cornelius unternommen, als er gerade einigermaßen sicher frei laufen konnte. Da marschierte er mitten auf dem Frankfurter Flughafen einfach los. Weil für Laufanfänger das Anhalten schwieriger ist als das Weiterlaufen, lief auch Cornelius weiter und weiter und weiter. Immer geradeaus, schnurstracks auf eine der Ausgangstüren zu. Draußen wartete ein Taxi, und als der türkische Fahrer diesen kleinen blonden Jungen auf sich zu marschieren sah, öffnete er ihm mit weit ausholender Geste, einladendem Lächeln und angedeuteter Verbeugung die Tür zum Fond. Gerade so, als empfinge er einen Staatsgast.

Noch bevor der kleine Staatsgast das Taxi besteigen konnte, hatten wir allerdings unseren Ausreißer eingeholt und konnten ihn im »Taxi Mama« verstauen.

Professionelle Fahrer scheinen es Cornelius aber seither angetan zu haben. Er liebt die Busfahrerin, die ihn jeden Morgen zum Kindergarten fährt. Und er bändelt mit völlig fremden Männern an, sofern diese über einen fahrbaren Untersatz verfügen.

Bei seinem zweiten Solo-Ausflug stellt unser Sohn sich bereits wesentlich geschickter an als damals auf dem Flughafen. Schließlich ist er inzwischen drei Jahre älter und kann völlig sicher laufen. Da hat man schon eher die Möglichkeit, gründlich verloren zu gehen.

Besonders, wenn man sich noch dazu im Ausland befindet.

Wir haben unsere beiden Jungs mal wieder mitgenommen auf Jugendfreizeit: Zwei Wochen am Strand auf Bornholm, mit sechzig Jugendlichen, fünfzehn Begleitern und zwei Kindern.

Wie üblich steht auch eine Tagesfahrt auf dem Programm, die uns diesmal in einen großen Freizeitpark führt. Zum Leidwesen aller laufen aber auch in Freizeitparks die Uhren weiter und zeigen irgendwann das Ende des Ausflugs an. So stehen wir nun gemeinsam auf dem Busparkplatz und warten auf unseren Reisebus.

Mehrfach wird er von einem der Jugendlichen gesichtet, aber der Ruf: »Da kommt unser Bus!« erweist sich jedes Mal als Falschmeldung. Andere Gruppen verlassen den Freizeitpark und steigen in ihre Busse; wir warten immer noch.

Irgendwann will ich die Zeit nutzen, um unseren Kindern noch etwas zu trinken zu geben. Jacob nimmt das gerne an, dann will ich zu Cornelius. Nur – bei Martin, wo ich ihn vermutet habe, ist er nicht. Er steht weder bei einem der Teenie-Grüppchen, noch ist er mit einem der anderen Mitarbeiter unterwegs. Unser Sohn ist überhaupt nirgends auf dem Busparkplatz zu sehen ...

Martin und ich sind uns hundertprozentig sicher, dass Cornelius den Freizeitpark mit uns verlassen hat. Ob er dann noch einmal zurückgegangen ist? Der Kontrolleur am Eingang hat keinen einzelnen blonden Jungen bemerkt. Aber er erlaubt den drei sportlichsten Jungen aus unserer Gruppe, eine Runde durch den Park zu laufen, um nach dem Vermissten zu suchen. Skeptisch beäugen die drei die frei zugängliche Wasserfläche des Bootsteiches. Zum Glück entdecken sie da nichts! Aber auch im übrigen Park endet ihre Suche mit dem gleichen Ergebnis.

Ich suche inzwischen den PKW-Parkplatz ab. Und versuche, mir nicht allzu plastisch auszumalen, was da hätte passiert sein können: Ein kleiner Junge, der unbeobachtet zwischen den Autos herumspaziert, der für eine Handvoll Gummibärchen in jedes Auto steigen würde und der hinterher niemandem erzählen könnte, was geschehen ist ... Ich kann nur hoffen, dass mein Sohn auf keinen Menschen mit entsprechenden Interessen gestoßen ist.

Einige Jugendliche hocken sich ins Gras und beten dafür, dass wir Cornelius bald wieder finden. Wären meine Gedanken nicht ganz woanders, wäre ich jetzt richtig glücklich darüber, dass sie von alleine auf diese Idee gekommen sind.

Martin versucht die Gemüter zu beruhigen, indem er uns daran erinnert, dass Bornholm eine Insel ist. »Bei einer Entführung kann die Polizei alle Häfen und Flughäfen innerhalb von zehn Minuten dicht machen, dann kommt niemand mehr ungesehen von hier weg«, führt er aus.

Irgendwie begeistert mich diese Tatsache nicht sonderlich.

Martin ist sich trotzdem sicher, dass unserem Sohn nichts Schlimmes passiert ist. »Vielleicht ist er in einen der anderen Busse eingestiegen«, überlegt er.

Ganz alleine, und ohne dass ein anderer Passagier bemerkt hat, dass dieses Kind nicht zur Gruppe gehört? Ein solches Szenario erscheint mir noch unwahrscheinlicher als das, das ich mir auf dem Parkplatz möglichst wenig ausgemalt habe.

Während wir alle diskutieren, suchen oder beten, übersehen wir fast, dass unser Bus doch noch kommt. Abfahren können wir ohne Cornelius natürlich nicht. Zum Glück spricht der Busfahrer sogar deutsch, so dass wir ihm unser Problem erklären können. Er hört uns zu, nickt und meint dann, so etwas käme immer wieder mal vor. Die Kinder tauchten alle irgendwann wieder auf, wenn auch an den unwahrscheinlichsten Stellen.

Dann geht der Busfahrer zur Parkleitung, um dort eine offizielle Vermisstenmeldung zu machen. Wir warten weiter, diskutieren, rätseln herum, beten und versuchen, weder bei uns noch bei den Jugendlichen Panik aufkommen zu lassen.

Nach einer knappen Viertelstunde erscheint der Busfahrer wieder, und sein verschmitztes Lächeln verheißt Gutes. Tatsächlich: Gerade hat der Fahrer eines anderen Busses im Park angerufen, um zu fragen, ob dort ein kleiner blonder Junge vermisst würde. Er hätte nämlich einen zu viel in seinem Bus.

Rrrummms – plumpsen dicke Steine von fünfundsiebzig Herzen, die ihre Besitzer sich jetzt umso fröhlicher um unseren Busfahrer drängen lassen. Der versucht, so gut es in dem allgemeinen erleichterten Geschnatter möglich ist, alles Weitere zu erklären: Cornelius muss tatsächlich in einen der Busse gestiegen sein, die irgendjemand erst einmal als den unseren erkannt zu haben glaubte. Dort hatte er sich einfach hingesetzt. Einige der älteren Damen im Bus hatten diesen freundlichen Jungen mit Keksen bei Laune gehalten, bevor ihnen aufging, dass niemand im Bus ihn jemals zuvor gesehen hatte, geschweige denn ihn kannte. Nun musste dieser Bus aber die Damengesellschaft pünktlich an der Fähre im Hafen in Rönne absetzen und konnte deshalb nicht einfach umkehren, um den blinden Passagier zurückzubringen. Deshalb würde der Fahrer das fremde Kind in Rönne auf die Polizeistation bringen, wo wir es abholen könnten.

Martin hat also mit seinen beiden Überlegungen Recht behalten: Unser Sohn saß tatsächlich in einem fremden Bus, und zum Glück ist Bornholm eine nicht allzu große Insel. Sonst müssten wir Cornelius womöglich am Hafen in Genua abholen.

So aber hält sich der Umweg über Rönne in Grenzen. Vor der Polizeistation empfängt uns ein strahlendes Duo: Der Busfahrer mit Cornelius auf dem Arm, der genüsslich einen Apfel verspeist, wahrscheinlich das Abschiedsgeschenk einer der Businsassinnen. Die Polizei hatte bereits geschlossen, und so hatte der Busfahrer mit seinem blinden Passagier auf uns gewartet. Und beide haben dabei sichtlich viel Spaß miteinander gehabt.

Cornelius scheint seine Solo-Fahrt in keiner Weise beunruhigend gefunden zu haben. Er begrüßt uns ohne größere Emotionen, verabschiedet sich winkend von seinem unfreiwilligen Chauffeur und setzt sich auf seinen Stammplatz, ganz vorne im oberen

Geschoss. Erst unsere besorgten Nachfragen und die überschwäng-
liche Begrüßung durch sämtliche Jugendliche machen ihm wohl
klar, dass irgendetwas nicht so ganz in Ordnung war. Und prompt
bricht unser Sohn in Tränen aus.

Normalerweise reagiert Cornelius auf alles Mögliche und Unmögliche mit Tränen. Er weint im Zirkus aus lauter Mitleid mit dem
Clown, der vom Publikum ausgelacht wird, er weint bei der Erinnerung an einen schon lange zurückliegenden Sturz, er weint bei fast
jedem Abschied. Aber wenn er mit lauter wildfremden Menschen
in einem ihm unbekannten Land zu einem falschen Ziel unterwegs
ist, dann ist das für ihn offensichtlich kein Grund für Panik oder
Tränen.

Wie gesagt, Cornelius ist eben kein ganz gewöhnliches Kind.
Sondern ein ganz besonderes.

Nachbarn

August 2003

Wenn der schwäbische Volksmund etwas Allgemeingültiges und
Unwiderlegbares über die Menschen an sich sagen will, sagt er »'s
gibt sodde und sodde«. Auf hochdeutsch: Es gibt solche und solche.

Unsere Nachbarn in dem Dorf bei Görlitz, in das wir gerade
gezogen sind, sind Schlesier. Aber auch auf sie trifft die schwäbische
Weisheit voll und ganz zu.

Die ältere Dame schräg gegenüber ist eindeutig eine »sodde« der
ersten Art. Ich habe sie noch kaum zu Gesicht bekommen. Nur die
Gardine an ihrem Küchenfenster bewegte sich verdächtig, sobald
einer von uns vor die Haustür trat. Sie bewegte sich noch verdäch-
tiger, wenn unsere Jungs auf Jacobs dreirädrigem Therapie-Fahrrad
»Bus fahren« spielten. Dafür brauchen sie die ganze Straßenbreite,
weil sie vor imaginären Haustüren und roten Ampeln anhalten,
vom Sattel auf den Gepäckträger umsteigen und an Kreuzungen
abbiegen, die nur für sie sichtbar sind. Aber die Straße ist Tempo-

30-Zone, und außer den Kunden und LKW für den Getränkehandel weiter hinten fahren nur die Anwohner hier entlang.

Und ich weiß, dass sowohl Jacob als auch Cornelius sich entgegen dem ersten Augenschein korrekt verhalten, wenn doch einmal ein Fahrzeug kommt.

Das kann unsere Nachbarin natürlich nicht wissen. Sie kann auch nicht wissen, warum Jacob so unsicher läuft, und warum Cornelius so fahrige Bewegungen macht. Und das interessiert sie natürlich. Deshalb erscheint sie nach ein paar Tagen fast demonstrativ am Gartenzaun und beschneidet ein paar durchaus nicht wild wuchernde Büsche.

Ich nutze die Gelegenheit und gehe hinüber, um ihr Guten Tag zu sagen und uns ihr vorzustellen. Nach dem Austausch von ein paar belanglosen Nettigkeiten fragt Frau B. nach unseren Jungs. Durchaus ehrlich interessiert und durchaus verständnisvoll. Ich gebe bereitwillig Auskunft. Schließlich haben wir nichts zu verbergen. Und es ist immer gut, wenn andere Leute Bescheid wissen über Stärken und Schwächen unserer Kinder. Nur so können sie lernen, unbefangen mit Jacob und Cornelius umzugehen.

Frau B. hört mir lange zu, fragt nach, will verstehen. Will wissen, welche Schule Jacob besucht, wie seine Zukunft aussehen kann, wo ich Unterstützung bekomme. Ich beschließe im Laufe des Gesprächs, die Küchengardine zu vergessen.

Vielleicht war das etwas zu früh. Denn zum Schluss stellt Frau B. noch eine Frage. Ob ich das mit dem Wasserkopf schon vor der Geburt der Kinder gewusst habe?

Ja, habe ich. Und ahne bereits, dass die entscheidende Frage erst jetzt kommen wird.

»Hätte man da nicht schon vorher etwas machen können?«

Ich hole erst einmal tief Luft. Immerhin bringt das fünf Sekunden Zeitgewinn zum Zurechtlegen einer passenden Antwort. Unsere Nachbarin hat mit dem »etwas« ja bestimmt nicht gemeint, dass man in Extremfällen einem Kind bereits im Mutterleib ein Ventil in den Kopf einsetzen kann. Nein, sie hat an »etwas« ganz anderes gedacht.

Fünf Sekunden Luft holen reichen mir völlig aus, um in Streitlaune zu geraten. So leicht soll mir die gute Frau nicht davon kommen, mit so einem unbestimmten »Etwas«. Wenn sie »es« schon in Erwägung zieht, soll sie es wenigstens beim Namen nennen. Also stelle ich mich dumm und frage, woran sie denn gedacht habe. Erwartungsgemäß druckst sie herum, setzt mehrfach zu einer Erklärung an, die sie dann doch nicht aussprechen will. So lange, bis ich das Unaussprechliche ausspreche: »Sie meinen also, ich hätte meine Kinder vor ihrer Geburt umbringen können?«

So deutlich wollte unsere Nachbarin das nun wirklich nicht hören. Sie sträubt sich gegen die brutale Wahrheit. Nein, nicht direkt das ... sie meinte ja nur ... Nun ja, ob man den Kindern nicht all das Leid hätte ersparen können? Und mir all die Last? ... Und eben ...

»... und eben dafür den Rest meines Lebens mit dem Wissen verbringen, dass ich meine eigenen Kinder habe töten lassen. Viele Frauen kommen hinterher damit nicht klar; aber das sagt ihnen vorher kaum jemand.«

Dann lenke ich ihren Blick auf meine Jungs, die gerade an einer nur für sie sichtbaren roten Ampel eine Vollbremsung hinlegen, die alle drei Reifen zum Quietschen bringt. »Meinen Sie ernsthaft, die beiden würden lieber nicht leben?«

Meint sie natürlich nicht. Was meint sie aber dann?

Frau B. druckst herum, sucht händeringend einen Ausweg aus der Sackgasse, in die ich sie hineinmanövriert habe. Aber wie gesagt, ich bin in Streitlaune und will jetzt loswerden, was mir zu diesem Thema auf dem Herzen brennt.

»Selbst wenn ich per Abtreibungen dafür gesorgt hätte, dass ich irgendwann ein gesundes Kind zur Welt gebracht hätte – wer hätte mir garantiert, dass es nicht von der Schaukel fällt und sich irreparable Hirnschäden zuzieht? Oder vor ein Auto läuft und zum lebenslangen Pflegefall wird? Was dann? Sollte ich auch dann ›etwas machen‹, um ihm sein angebliches Leid und mir die Last der Pflege zu ersparen?«

Meinem Gegenüber steht das Entsetzen ins Gesicht geschrieben. Schließlich hat sie einen kleinen Enkel. Daran knüpfe ich an.

»Was würden Sie denn tun, wenn Ihrem Kevin so etwas zustoßen würde? Sie würden ihn doch bestimmt pflegen und fördern, und weiter so lieben wie bisher.«

Frau B. starrt mich immer noch fassungslos an, ringt sich aber schließlich zu einem festen: »Aber sicher« durch.

»Und sehen Sie, genau das habe ich auch getan.«

Hier hätte unser Gespräch zu Ende sein können. Aber gerade da taucht unser Nachbar zur Linken auf. Frau B. ergreift die Gelegenheit, das Thema zu wechseln, grüßt ihn quer über die Straße und kommt dann schon wieder auf Jacob und Cornelius zu sprechen.

»Finden Sie es nicht gefährlich, wenn die Jungen hier mitten auf der Straße Rad fahren?«

Unser Nachbar wirft mir einen viel sagenden Blick zu.

»Im Gegenteil. Bisher hat sich doch niemand an Tempo 30 gehalten. Seit Jacob und Cornelius hier mit dem Behindertenrad herumkurven, wagt es niemand mehr, schneller als Schritttempo zu fahren. Die Familien mit den kleinen Kindern weiter hinten in der Straße können sich da wirklich bei den beiden bedanken.«

Unser Nachbar zur Rechten ist auch ein »sodder«. Aber eindeutig einer von der zweiten Sorte.

Zeitlos

Februar 2004

Gott hat die Zeit geschaffen; die Uhr und die Eile haben die Menschen erfunden.

Alle Eltern von Kleinkindern werden diesen Satz sicherlich sofort bestätigen. Dennoch sind sie es, die ihr Kind aus diesem paradiesischen uhrlosen Urzustand reißen müssen, sobald es in Krippe, Kindergarten oder Schule kommt. Und so lernt jedes Kind spätestens mit sechs Jahren die Bedeutung von Worten wie »beeil dich«, »sofort« und »zu spät«.

Es sei denn, bei dem Kind handelt es sich um unseren Jacob. Mit seinen neun Jahren kann er längst eine Uhr ablesen. Dennoch fehlt ihm jedes Gefühl dafür, dass alle Viertelstunden gleich lang sind und dass die Zeit pausenlos weiterläuft. Was hat es uns für Mühen gekostet, ihm klarzumachen, dass das Sandmännchen nicht auf ihn wartet und dass weder Tränen noch Brüllen den Fernseher dazu bringen können, die verpasste Sendung noch einmal zu zeigen.

Jetzt kämpfen wir darum, dass Jacob sich morgens selbstständig anzieht. Von seinen körperlichen Fähigkeiten her bereitet ihm das keinerlei Probleme. Das Problem ist die Uhr. Wenn wir Jacob wecken, bleibt ihm eine halbe Stunde Zeit, um sich anzuziehen. Aber was ist schon eine halbe Stunde, wenn man auf dem Bett sitzt, sich die Schlafanzughose um die Finger wickelt und im Selbstgespräch begeistert die letzten Schulbusfahrten nacherlebt? Gar nichts. Jedenfalls nichts, was Jacob dazu bringen könnte, seine Unterhose anzuziehen.

Nur die Eltern drängeln. »Jacob, wie weit bist du? Immer noch nackt? Jetzt musst du dich aber beeilen!« – »Jacob, nun zieh dich endlich an!« – »Jacob, in zehn Minuten kommt dein Bus!«

Völlig sinnlose Aufforderungen. Zehn Minuten sind für Jacob kein Begriff, mit dem er irgendetwas verbindet. Ich muss die Zeit begreifbarer für ihn machen: »Jacob, ich zähle jetzt bis zehn. Wenn du dann noch nicht angezogen bist, rufe ich den Fahrer an und sage ihm, dass er dich heute nicht abholen kann!«

Jacob liebt seine Schule und seinen Bus. Daher bewirkt diese Drohung immerhin, dass er unter wildem Protestgeschrei seine Socken über die Füße zieht. Spätestens dann hat er aber schon wieder vergessen, dass die »zehn« direkt nach der »neun« kommt. Greift Papa tatsächlich zum Telefon, versteht Jacob die Welt nicht mehr. Wie kann man nur so grausam sein, ihm überhaupt keine Zeit zum Anziehen zu lassen? In wilder Hektik wird nun alles übergestreift, was sich in seiner Reichweite befindet – mit dem Ergebnis, dass ich ihn in den verbliebenen zwei Minuten fast komplett umziehen muss. Das Schlafanzug-Oberteil unter dem Sweatshirt gegen ein T-Shirt austauschen, die Hose umdrehen, die Schuhe von links nach rechts wechseln. Noch bevor ich Jacob die Jacke angezogen habe, hupt vor der Türe der Bus.

In was für einer Stimmung schicken wir Jacob da fast jeden Tag aus dem Haus? Ärger darüber, dass er aus seinem schönen Rollenspiel gerissen wurde. Wut auf den Papa, der ihm beinahe einen Tag Schule geklaut hätte. Enttäuschung darüber, dass die eigenen Anzieh-Bemühungen offensichtlich völlig falsch waren.

Ganz abgesehen davon, dass auch für uns Eltern die Frustrationstoleranz-Grenze bereits um halb acht Uhr morgens erreicht ist.

Lohnt sich das? Oder sollen, müssen wieder wir Jacob anziehen, ihm die gerade gewonnene Selbstständigkeit wieder abnehmen? Wenn wir, noch nicht ganz wach und trotzdem bereits völlig erschöpft, am Frühstückstisch sitzen, kommt es uns vor, als diskutierten wir die Wahl zwischen Pest und Cholera.

Trotz aller eigenen Müdigkeit werde ich wohl morgens noch eine weitere Aufgabe übernehmen müssen: Dabei sein, wenn Jacob sich anziehen soll. Ihm Kleidungsstück für Kleidungsstück zeigen, und dass der Uhrzeiger schon wieder ein Stückchen vorgerückt ist.

Denn was er beim Sandmännchen inzwischen begriffen hat, kann er offensichtlich auf seinen Schulbus nicht so ohne weiteres übertragen. Das ist mir heute Morgen klar geworden. Da stand der Bus wieder einmal vor der Tür, bevor Jacob fertig war. Und mein Sohn schimpfte entrüstet los: »Warum ist der Bus schon da? Der darf noch nicht kommen! Es ist noch nicht halb acht! Ich hab die Uhr doch drei Mal zurückgestellt!«

Trotzdem

April 2004

Als Christoph Kolumbus und seine Männer nach Westen segelten, wussten sie, dass sie vielleicht nie irgendwo ankommen würden. Sie taten es trotzdem.

Als Martin Luther vor dem Kaiser stand, wusste er, dass er sein Leben riskierte, wenn er bei seinen Thesen bleiben würde. Er tat es trotzdem.

Es ist dieses Trotzdem, mit dem Weltgeschichte geschrieben wird. Manchmal.

Meine Freundin Anne-Christine hat nicht studiert wie Martin Luther, hat nie die Erdkrümmung berechnet wie Christoph Kolumbus. Niemals wird sich ein Historiker für sie interessieren, niemals werden Schulkinder einen Aufsatz über ihr Trotzdem schreiben.

Auch Anne-Christine hat gewusst, was sie riskierte. Sie würde für den Rest ihres Lebens – oder zumindest für die Dauer des Lebens ihres Kindes – nie wieder in Urlaub fahren, nie wieder eine Nacht durchschlafen können. Statt zwischen Familientreffen oder Theaterbesuchen würde sie zwischen Therapeuten und Krankenhäusern pendeln. Sie wusste, was sie erwartete, wenn sie sich weiterhin einer Abtreibung verweigern würde. Sie tat es trotzdem.

Sie, die kleine einfache Frau, trotzte dem Professor, der ihr ausmalte, mit welch ungeheuerlichen Missbildungen ihr Kind zur Welt kommen würde. Der ihr ausrechnete, wie viel ihr Kind die Krankenkassen kosten würde. Bis Anne-Christine der Kragen platzte, und sie – die Frau, die über eine Vier in Mathematik selten hinausgekommen war – dem Professor ausrechnete, wie viel er in dieser Stunde Beratung bereits an ihrem missgebildeten Kind verdient hatte, und dass später seine Kollegen an Kindern wie dem ihren ihren Lebensunterhalt verdienen würden. Wie Martin Luther vor dem Kaiser und Christoph Kolumbus vor dem angeblichen Ende der Welt bot sie den scheinbar übermächtigen Gewalten die Stirn. Ihr Kind durfte geboren werden. Trotz allem.

Und seither kämpft Anne-Christine weiter. Um Therapien und Operationen. Oder dagegen, wenn diese ihrer Tochter das Leben nicht erleichtern würden. Darum, dass Sarah-Maria feste Nahrung zu sich nimmt. Dass sie trotz finanzieller Schwierigkeiten die teure Salbe kaufen kann, die als einzige Sarah-Marias Haut vor dem Wundwerden bewahrt. Darum, Sarah-Marias Willen zu erraten, den diese nur durch unablässiges Schreien zum Ausdruck bringen kann.

Die Menschheit wird Anne-Christines tägliche Heldentaten nie zur Kenntnis nehmen. Die Menschheit wird es ihr nicht danken. Aber Sarah-Maria dankt es ihr. Indem sie die brutalsten Vorhersagen der Ärzte Lügen straft, indem sie schon jetzt zehn Mal länger lebt als prophezeit. Indem sie mit sieben Jahren in der Förderschule essen gelernt hat. Indem sie nach jeder Trennung über das ganze Gesicht strahlt, wenn sie ihre Mutti wieder sieht. Indem sie jedem, der ihre Ausdrucksweise versteht, zeigt, dass sie gerne lebt.

Sarah-Maria weiß es nicht, aber wahrscheinlich spürt sie es: Ohne das sture Trotzdem ihrer Mutter hätte sie diese Welt in leblosen Stückchen betreten, Monate vor ihrem Geburtstermin. Für Sarah-Maria hat dieses Trotzdem Geschichte geschrieben. Die ihres Lebens. Ein Denkmal kann Sarah-Maria ihrer Mutter dafür nicht bauen. Diese wenigen Zeilen werden die einzigen bleiben, in denen Anne-Christine überhaupt erwähnt wird.

Ach ja, allein in Deutschland leben Tausende Sarah-Marias. Und Tausende Anne-Christines, die unermüdlich, still und stur, oftmals weit über ihre Kräfte hinaus, Weltgeschichte schreiben. Die ihrer Kinder. Und die der Menschlichkeit, die allen Kosten-Nutzen-Rechnungen ihr »Trotzdem« entgegen stellt.

Sommermorgen in Schis-Moll

Juli 2004

Es war ein Wagnis gewesen – und es war vollständig geglückt.

Während Martin zwei Wochen auf Jugendfreizeit in Norwegen verbrachte, waren Jacob, Cornelius und ich mit dem CVJM auf Familienfreizeit nach Schweden gefahren. Obwohl wir außer dem Leiter niemanden kannten, obwohl wir die einzige »unvollständige« Familie waren, obwohl unsere Kinder als einzige weder Schwimmen noch Bergsteigen konnten.

Aber die anderen Teilnehmer haben sich schnell darauf eingestellt. Die Erwachsenen haben ihren Kindern erklärt, was »Behinderung« bedeutet. Alle haben umso mehr gestaunt, als Jacob eine
zehn Meter hohe Strickleiter ohne Probleme hinaufgeklettert ist.
Auf Wanderungen haben die Männer an steilen Strecken Jacobs
Rolli übernommen. Für die Kanutour wurden wir so auf die Boote
verteilt, dass in jedem Boot ein Team aus kräftigen Ruderern die
Schwächeren sicher zur der idyllischen einsamen Insel brachte, die
unser Ziel war.

Gemeinsam haben wir eimerweise Heidelbeeren gepflückt, am
Lagerfeuer den Mücken getrotzt und Lobpreislieder gesungen,
nachts am Fluss Biber gesucht, bei Bibelarbeiten diskutiert, neue
Facetten an altbekannten Berichten entdeckt und was noch alles
mehr.

Nun sind die zwei Wochen Freizeit zu Ende. Heute Morgen
haben wir Berge an Stullen für anderthalb Tage Fahrt geschmiert,
unsere Taschen gepackt und im Kleinbus verstaut, die Kartons mit
den Freizeit- und Küchenutensilien dahintergeräumt. Dann haben
wir alle Räume ausgefegt, die Küche gewischt und warten jetzt nur
noch auf die letzten fleißigen Damen, die die Duschen säubern.

Ich liege im Gras, lasse mich von der Morgensonne wärmen und
die Bilder der vergangenen Tage vor meinem inneren Auge vorbeiziehen, höre die Grillen zirpen und die Kinder lachen. Idylle pur.

Aber nur so lange, bis Jacob neben mir vor Anstrengung rot
anläuft, um dann mit einem Seufzer der Erleichterung zu verkünden: »Uuund – A-a gemacht.«

Jacob trägt nur noch nachts Windeln. Die letzten zwei Stück
habe ich vorsorglich in die Tasche für unterwegs gepackt. Samt
einer Ersatzhose.

Eine frische Hose. Zwei Windeln. Für 36 Stunden Fahrt.

Normalerweise müsste das reichen. Wenn, ja wenn das soeben
produzierte A-a kein Durchfall ist.

Es ist kein Durchfall. Es ist eine Katastrophe.

Noch bevor ich meinen Sohn an Ort und Stelle aus seinen
Kleidern geschält habe, hat sich die übel riechende braune Brühe

gleichmäßig zwischen Jacobs Schulterblättern und Kniekehlen ausgebreitet.

Ich habe eine frische Hose, zwei Windeln und 36 Stunden Fahrt vor uns.

Was bleibt einem da noch übrig außer dem Entsetzen und der Ratlosigkeit mit einem gellenden Schrei Luft zu verschaffen?

Die braune Brühe zeigt sich davon leider vollkommen unbeeindruckt und macht keinerlei Anstalten, sich in Luft aufzulösen.

Wenigstens hat mein Schrei die anderen Leute herbeigerufen. Ebenso ratlos wie ich stehen sie um mein Kind herum.

»Kann man dir irgendwie helfen?«

Ja, Hilfe bräuchte ich jetzt ganz dringend. Aber wie?

Ich habe eine frische Hose, zwei Windeln und 36 Stunden Fahrt vor uns.

»Beamt uns nach Görlitz!«, ist mein erster Gedanke.

»Besorgt mir eine Ganzkörperwindel!«, mein zweiter.

»Packt die Rückbank vom Bus in wasserdichte Folie ein!«, ist angesichts meines Gemütszustandes geradezu vernünftig.

»Und räumt den Kofferraum wieder aus!«, kann ich endlich wenigstens einen sinnvollen Gedanken fassen. Ich brauche meine Reisetasche, denn eine frische Hose und zwei Windeln werden nicht reichen für 36 Stunden Fahrt.

Jacob blickt von einem entsetzten Gesicht zum nächsten, begreift wohl allmählich, dass er es ist, der dieses Entsetzen hervorgerufen hat – und beginnt wild gackernd zu lachen.

Das ist endgültig zu viel für meine Nerven.

Kreischend stürze ich mich auf meinen Sohn. »Das ist nicht witzig«, brülle ich ihm ins Gesicht, und versetze ihm mit der flachen Hand einen Klaps auf den nackten Po.

Was habe ich da getan? Ich habe mein Kind geschlagen, ein Dutzend Leute haben es genau beobachtet. Und ich habe die braune Brühe von Jacobs Pobacke an der Hand. Alles nur noch Sch…, im wahrsten Sinne des Wortes.

Nur weg von hier!

Ich klemme meinen immer noch gackernden Sohn unter den Arm und stürme zu den Duschen.

»Hör auf zu putzen!«, schreie ich Maren an, die dort gerade letzte Hand anlegt. »Hier kommt der schlimmste Dreck der Freizeit!«

Damit setze ich Jacob reichlich unsanft in die Dusche und drehe das Wasser an. Ein eiskalter Strahl ergießt sich über das Kind. Der verwandelt Jacobs wildes Gackern wenigstens in wildes Geschrei. Mir ist das egal, Hauptsache, er schüttelt sich nicht mehr vor Lachen. Soll er doch heulen, ich hätte auch allen Grund dazu!

Maren starrt uns ebenso fassungslos an wie die anderen Erwachsenen draußen auf der Wiese. Dann läuft sie hinaus, lässt uns allein mit der braunen Brühe, meiner Verzweiflung, dem Ärger über meinen Sohn und mich selbst.

Aber nicht lange. Bald erscheint sie wieder, mit Seife, Waschlappen und Handtuch. Mit sanftem Druck schiebt sie mich nach draußen.

»Lass mal, das mach jetzt besser ich.«

In der warmen Morgenluft bahnen sich endlich meine Tränen einen Weg ins Freie. Nach dem verbalen und körperlichen Um-mich-schlagen wirkt das Schluchzen fast wie eine Erlösung. Was habe ich nur getan? Was soll ich nur tun? Und was denken die anderen jetzt von dieser hysterischen Rabenmutter, die dummerweise meinen Namen trägt?

Irgendwann legt sich Marens Arm um meine Schulter. Sie hat Jacob gewaschen, in das Handtuch gewickelt und in die Sonne gesetzt. Ich bin nicht einmal mehr in der Lage, ihr Danke zu sagen.

»Ach Sabine«, beginnt stattdessen Maren zögernd, »das hätte ja wirklich nicht sein müssen. Aber weißt du ... das klingt jetzt sicher ziemlich dumm für dich ... aber irgendwie ... irgendwie bin ich erleichtert, dich mal so erlebt zu haben. Weißt du, ich hab mich die ganze Zeit gefragt, wie du das alles packst. Ich dagegen – ich bin gesund, meine Kinder sind gesund. Und ich schreie sie ständig an. Ich raste aus, wenn sie sich streiten – und du bist immer so souverän geblieben. Wenn ich dich beobachtet habe, hab ich echt an meinen Mutter-Qualitäten gezweifelt. Und jetzt – jetzt hat es mir wirklich gut getan, zu sehen, dass auch du mal die Nerven verlierst. Ich weiß, das ist dir jetzt keine große Hilfe, aber ich sag dir einfach mal Danke dafür.«

Unter meinen Tränen muss ich beinahe lachen. Und kann nicht fassen, was Maren mir da soeben gestanden hat. Maren – und ausrasten?

Wenn hier jemand souverän mit seinen Kindern umgegangen ist, dann sie. Schließlich ist sie Erzieherin mit jahrzehntelanger Berufserfahrung.

Wenn hier jemand das Recht hätte, mit den Nerven am Ende zu sein, dann sie. Ihr Mann ist immer wieder arbeitslos, deshalb muss sie Vollzeit arbeiten. Zuhause managt sie neben den Zickenkriegen ihrer drei Töchter einen Garten von der Größe eines halben Bauernhofes und ihre allmählich pflegebedürftigen Eltern. Ich wäre schon nach einer Woche mit Marens Arbeitspensum mit meinen Kräften am Ende.

Und wann hat Maren jemals ihre Kinder angeschrien? Ich habe nie etwas davon mitbekommen.

Aber Maren hat offensichtlich auch nichts von meinen allabendlichen Kämpfen mit Jacob und Cornelius mitbekommen: Darum, dass sie sich die Zähne putzen. Darum, dass sie sich ohne Treten und Beißen darauf einigen, wer als erster das Waschbecken benutzt. Darum, dass sie weder den Bruder noch mich mit wüsten Schimpfworten bedenken. Und all die anderen Dramen rund ums Thema »schlafen gehen«.

Ich habe es ja auch niemandem erzählt. Im Gegenteil; mehr als einmal bin ich zu spät zum Abendprogramm gekommen, weil ich mir erst noch das verzweiflungstränennasse Gesicht gründlich mit kaltem Wasser waschen musste.

Dann habe ich regelmäßig die anderen Mütter beneidet und bewundert, die ihre Kinder offensichtlich ganz problemlos und liebevoll ins Bett verfrachtet hatten.

Aber das hat zumindest Maren wohl gar nicht immer geschafft.

Stattdessen hat sie mich beneidet und bewundert, weil sie dachte, ich hätte …

Und keine von uns hat absichtlich Theater gespielt, die alles-im-Griff-habende Mutter gemimt. Wir haben einfach nur die gröbsten Desaster unserer Erziehungsbemühungen versteckt und verschwiegen.

Weil wir wenigstens so gut erscheinen wollten, wie wir dachten, dass die anderen wären.

Und wenn ich, wenn Maren, wenn Ute und Claudia und Angela und Dorothee es nicht versteckt hätten?

Dann hätten wir den anderen Müttern nicht permanent ein völlig unberechtigtes schlechtes Gewissen bereitet. Dann hätten wir das überhöhte Mutter-Idealbild angekratzt, und ungeniert die dunklen Stellen unter dem Hochglanz-Lack aufgedeckt. Dann hätten wir nicht mehr bei jedem Ausrutscher das Gefühl gehabt, um so vieles schlechter zu sein als alle anderen.

Dann hätten, hätten, hätten …

Noch bevor wir irgendwann doch noch aufbrechen, beschließen Maren und ich, künftig weniger Perfektion vorzugeben. Damit sich auch andere Mütter trauen können, ihre Schwächen zuzugeben, ohne sich deswegen gleich als Versagerinnen zu fühlen.

Da hatte der Durchfall ja tatsächlich eine gute Seite.

P. S.: Jacob hat sich übrigens mit einer einzigen Entladung von der braunen Brühe befreit. Eine frische Hose und zwei Windeln reichten für 36 Stunden Fahrt vollkommen aus.

Behindert

September 2004

Es dürfte wohl wenige Eltern geben, die einen Luftsprung vor Freude machen, wenn das Schulamt ihnen mitteilt, dass ihr Sprössling eine Förderschule für Lernbehinderte besuchen wird. Vielleicht sind wir in den letzten zehn Jahren die einzigen; dafür haben wir diesen Luftsprung umso freudiger gemacht.

Denn noch vor einem Jahr hatte alles darauf hingedeutet, dass Cornelius seinem großen Bruder auf die Förderschule für körperlich und geistig Behinderte folgen würde. Sein Gruppenleiter im Kindergarten hatte als erster höhere Ansprüche an unseren Jüngsten angemeldet. So gut und individuell Jacobs Schule die Kinder auch betreute und förderte, sie würde Cornelius unterfordern. Er sei durchaus in der Lage, fließend lesen und die schriftliche Division zu lernen.

Die Psychologin war zunächst noch sehr skeptisch. Cornelius hatte zwar einfach dadurch, dass er bei meinen unzähligen Übungen mit Jacob zugeschaut hatte, alle Zahlen und Buchstaben schnell erfasst. Aber solange er die Buchstaben nicht zu Worten zusammenzog und die Zahlen nicht mit Mengen verband, hieß das alles noch gar nichts.

Wir meldeten Cornelius trotzdem zum Test bei der Schulärztin an. Dass er extreme Schwierigkeiten dabei hat, zwei Puzzleteile ineinanderzufügen, überraschte mich nicht sonderlich. Dass er kaum Probleme dabei hat, eine Reihe von acht Ziffern fehlerfrei zu wiederholen, überraschte die Ärztin ziemlich. Das hatte in den letzten Jahren kaum ein Kind geschafft, auch von denjenigen mit Empfehlung für die Regelschule.

Und dann kam in den Sommerferien unser Tagestrip nach Prag. Beim Mittagessen zeigte Cornelius auf die Aufschrift über der kleinen Pizzeria und verkündete »Da steht ›Mondo‹«. Das stand da tatsächlich, so hieß das Lokal. Martin und ich trauten dennoch kaum unseren Ohren. Hatte Cornelius still und heimlich lesen gelernt, zwei Wochen vor seinem ersten Schultag? Noch dazu ein Wort, das keinerlei Bedeutung für ihn hatte?

Wir machten die Probe aufs Exempel und ließen ihn noch das Wort unter »Mondo« lesen. »Ristorante« buchstabierte Cornelius ohne größere Unterbrechungen. Nach einem begeisterten Lob übersetzte ich Cornelius, was er da gelesen hatte: »Das heißt Restaurant.« Und prompt kam Widerspruch. »Nein, das kann nicht Restaurant heißen. Der zweite Buchstabe ist doch ein i. Das heißt Ristorante.« Wo er Recht hat, hat er Recht.

Was war ich stolz auf unseren Jüngsten! Die Psychologin war endgültig widerlegt; den weiteren schulischen Anforderungen der »Schule mit Förderschwerpunkt Lernen« konnte gelassen entgegengeblickt werden.

Bedenken, ob Cornelius auch dort klarkommen würde, hegten wir allerdings auf einem ganz anderen Gebiet: Auf den Förderschulen für Lernbehinderte landen ja leider nicht nur die Kinder, die tatsächlich etwas mehr Zeit zum Lernen brauchen, sondern auch manche, die zu Hause keinerlei Unterstützung und Motivation für ihren Schulbesuch bekommen. Wer von diesen Kindern jemanden suchte, an dem er Frust auslassen könnte, würde in Cornelius ein geradezu prädestiniertes Opfer finden: klein und dünn, in all seinen Bewegungen auffallend ungelenk, mit einfachen motorischen Aufgaben wie dem Binden einer Schleife überfordert, dazu noch hochsensibel und nah am Wasser gebaut.

Die Lehrer an Cornelius' Schule bemühen sich zwar außergewöhnlich intensiv um ein gutes Schulklima und fairen Umgang untereinander, aber alles verhindern können auch sie nicht.

Zum Beispiel jene Szene auf dem Flur, die ich zufällig mitbekomme, als ich meinen Sohn früher abhole. Da baut sich ein Schüler aus den oberen Klassen, in Breite und Gewicht mindestens das Doppelte von Cornelius, vor diesem auf, betrachtet ihn abschätzig von oben bis unten und wirft ihm schließlich im Brustton der Verachtung einen kurzen Satz an den Kopf: »Du bist wohl behindert!«

Was bildet sich dieser Schnösel da eigentlich ein?

Gekränkter Mutterstolz und Sorge um mein Nesthäkchen schlagen in meinem Kopf wilde Purzelbäume. So heftig, dass in meinem Hirn kein Eckchen mehr frei bleibt für die Suche nach einer passenden Antwort. Etwa dem Hinweis, dass er hier eine Schule für Lern-Behinderte besucht und deshalb offensichtlich selbst auch behindert ist. Oder einer Erörterung, ob er vielleicht sozial behindert sei.

Aber wie das alles in einem kurzen, prägnanten Satz unterbringen, der dem Schnösel die Spucke für jede weitere Unverschämtheit rauben würde?

Zu mehr als zu wirren Gedankenfetzen bin ich nicht mehr fähig. Hilfe!

Die Hilfe kommt. Und zwar von einer Seite, von der ich sie am allerwenigsten erwartet hätte. Nämlich von Cornelius persönlich. Er schaut den Schnösel leicht verwundert an, und antwortet dann mit nur einem Wort: »Ja.« In einem Tonfall, als sei er gefragt worden, ob er tatsächlich blonde Haare habe.

Der Schnösel hatte natürlich mit einem empörten Nein gerechnet und sich schon genüsslich ausgemalt, wie er seinem Opfer detailliert belegen könne, dass es doch behindert sei. Cornelius' unbefangenes Ja hat ihm all diesen Wind aus den Segeln genommen. Wortlos dreht er ab.

In einem tiefen Stoßseufzer entweichen Gekränktheit und Sorge aus meinem Kopf; stattdessen vollführen dort nun Erleichterung und Stolz ihre Freudensprünge. Da hat Cornelius in all seiner Arglosigkeit eine Meisterleistung vollbracht!

Auf der Fahrt nach Hause denke ich weiter über die genial schlichte Reaktion meines Sohnes nach. Und komme zu dem Schluss, dass sein »Ja« für ihn wirklich nichts Außergewöhnliches war. Als er auf die Welt kam, hat er dort bereits einen behinderten Bruder vorgefunden. Er hat zwei Förderkindergärten besucht, in denen Rollatoren, Schnabeltassen und Sprachcomputer ebenso selbstverständlich zum Alltag gehören wie Bauklötze, Sandkasten und Buntstifte. Wenn wir mit anderen Familien etwas unternehmen oder Kinder zu Besuch haben, sind das oft Klassenkameraden von Jacob, mit all ihren unterschiedlichen Schwächen und Stärken.

Nein, für Cornelius hat das Wort »behindert« keinerlei negativen Beigeschmack. Er hat es nicht nötig, euphemistisch als »Mensch mit Beeinträchtigungen« bezeichnet zu werden.

Dieses Wortungetüm soll Behinderte weniger stigmatisieren. Allerdings ist es auch viel schwammiger. Denn eigentlich bin ich durch meine behinderten Kinder ebenfalls beeinträchtigt, ebenso wie Martin durch seine extreme Kurzsichtigkeit. Einen Behindertenausweis sollten wir trotzdem nur beantragen, wenn wir einen Spot für die Streiche mit versteckter Kamera drehen wollen.

Und einen vernünftigeren Umgang mit Behinderten wird ein bloßer Austausch von Begriffen auch nicht bringen. Dann würde der Schnösel eben im gleichen Ton der Verachtung, aber politisch korrekt feststellen: »Du hast wohl eine Beeinträchtigung!«

Wie hatte mein Linguistik-Professor einst in den Hörsaal gebellt: »Jetzt ist aus der Putzfrau also eine Reinigungsfachkraft geworden, um ihr soziales Prestige zu heben. Schön. Aber, meine Damen und Herren, wenn Sie nach wie vor Ihren Müll einfach da fallen lassen, wo Sie gerade stehen und wenn Sie ihr im Aufzug ein ›Guten Morgen‹ verweigern, dann können Sie sie meinetwegen Parkettkosmetikerin nennen, und sie hat davon nur eines: Nichts.«

Nein, ein verändertes Wort verändert noch lange keine Einstellung. Solange unsere Gesellschaft die Erfolgreichen, die Perfekten und Schönen als Maßstab hinstellt, solange wir all unsere Unzulänglichkeiten verschämt selbst vor Freunden verstecken, solange wir in einem Rollstuhlfahrer nur den Hilfsbedürftigen und nicht den Menschen sehen, so lange können wir für »behindert« so viele Synonyme erfinden, wie wir wollen, und es wird sich nichts wirklich ändern.

Und anders herum: Wenn es immer normaler wird, verschieden zu sein, wenn Behinderte auf der Straße mit einem ebenso freundlich-beiläufigen Blick gestreift werden wie jeder andere Unbekannte auch, wenn sie ganz selbstverständlich zum Leben dazu gehören – dann können sie sich auch als »Behinderte« ebenso vollwertig fühlen wie Brillenträger, Rothaarige, Singles und jeder andere Mensch auch. Weil das Wort »behindert« ohne jede Wertung eine Tatsache ausdrückt.

Ich hoffe nur, dass das für Cornelius noch lange so bleibt.

Hundertwasser-Rasen

September 2004

Ich weiß nicht, ob Friedensreich Hundertwasser jemals Rasen gemäht hat. Eine Wildblumen-Wiese wäre ihm wahrscheinlich lieber gewesen.

Jacob macht sich nichts aus Blumen. Aber er macht sich etwas aus Rasenmähern. Seit er, gerade einmal vier Jahre alt, mit Onkel Helmut dessen Rasenmäher schieben durfte. Obwohl er damals mit seinen Ärmchen nur mit Mühe den Bügel erreichte, und obwohl er noch keinen Schritt frei laufen konnte. Onkel Helmut hielt Jacob von hinten, während er gleichzeitig seinen Rasen mähte. Und wie bei allen ihren gemeinsamen Männer-Unternehmungen, hatten die beiden dabei jede Menge Spaß.

Inzwischen kann Jacob einige Schritte laufen, und der Bügel unseres Rasenmähers lässt sich passend zu seiner Körpergröße einstellen. Weder Martin noch ich sind sonderlich begeisterte Rasen-Mäher, und so lag der Entschluss nahe: Wir lassen unseren Ältesten ran.

Anfangs lief immer einer von uns dicht hinter Jacob her, um bei Unfällen rechtzeitig eingreifen zu können. Aber es gab keine Unfälle. Sohnemann marschierte, stolz wie Oskar, an seinem motorisierten Lauflern-Gerät über den Rasen und machte keinerlei Anstalten, den Mäher umzukippen, den Fuß in das Schneidwerk zu schieben oder ähnlich gefährliche Dinge zu versuchen. Schon Onkel Helmut hatte ihm erklärt, dass man beim Rasenmähen vorsichtig und vernünftig sein muss. Und was Jacob einmal begriffen hat, das weiß er felsenfest.

Also haben wir bald gewagt, unseren Ältesten alleine in den Kampf gegen das wuchernde Gras zu schicken. Er braucht unsere Hilfe nur noch, wenn der Fangkorb voll ist. Diesen leeren, wieder einsetzen und den Motor des Mähers anwerfen, das müssen wir. Dann können wir uns gemütlich mit einem Buch und einer Tasse Kaffee auf die Terrasse setzen, uns von der Sonne bescheinen lassen und darauf warten, dass das Knattern des Rasenmähers von Jacobs Ruf um Hilfe abgelöst wird.

Jacob wäre allerdings nicht Jacob, wenn er den Rasen so stupide mähen würde wie jeder andere. Nein, lange gerade Streifen schneidet unser Sohn nicht. Sollte er doch einmal drei Meter lange gerade Linien ziehen, so liegen diese garantiert nicht parallel nebeneinander, sondern verkaufen kreuz und quer durchs Gras. Manchmal malt er mit seinem motorisierten Pinsel Kreise, Wellenlinien oder gar Mäander auf den Rasen.

Wir lassen Jacob machen, genießen seine Begeisterung und unsere Ruhe. Schließlich ist weder unser Häuschen ein Golfhotel, noch unser Rasen der Schlosspark des Buckingham Palastes. In keiner Ortssatzung steht geschrieben, dass ein Rasen stets gleichmäßig gemäht werden müsse. Warum also sollten wir Jacob nicht einfach seine Arbeit so erledigen lassen, wie er das möchte?

Natürlich sieht das Grün um unser Haus nun nicht mehr »ordentlich gepflegt« aus. Dafür verfügen wir über einen äußerst individuell gestalteten Rasen. Vielleicht sollten wir ihn vom Dachgiebel aus fotografieren, die Bilder vergrößern und an eine Galerie für moderne Kunst senden. Wir dürften nur nicht verraten, wer den Rasenmäher durchs Gras geschoben hat.

Dann bestünde die vage Möglichkeit, dass der Galerist zu kombinieren versucht: Eine kreativ gestaltete Fläche ohne Geraden, ohne rechte Winkel, dafür mit geschwungenen Linien, einem kreativen Spiel mit unterschiedlichen Höhen – dieses Mäh-Werk muss von Friedensreich Hundertwasser stammen.

Dann könnten wir die Rechte an unserem Rasen für viel Geld an irgendeinen reichen Kunstmäzen aus den USA verkaufen.

Wenn Sie also eines Tages in einem noblen Museum einen »Hundertwasser-Rasen« entdecken sollten, verraten Sie bitte nicht, was Sie hier über dessen Urheber erfahren haben. Das bleibt unser kleines Geheimnis, ja?

Letzter Trost

April 2005

Wir schreiben den ersten Schultag nach den Osterferien. In unserem Wohnzimmer halten die Kreisjugendwarte, der Landesjugendpfarrer in Person meines Mannes und der Superintendent ihre Dienstbesprechung ab. Als Jacobs Bus ankommt, nehme ich meinen Sohn wie üblich in Empfang.

Aber heute ist nichts wie üblich, jedenfalls nicht für Jacob. Natürlich hat er die Autos vor unserem Haus gesehen; natürlich ahnt er, dass wir Besuch haben; natürlich weiß er, wo er den Besuch findet. Und so stürmt er, kaum dass wir zur Haustür hereingekommen sind, an mir vorbei, reißt die Wohnzimmertür auf und verkündet der illustren Gesellschaft im Ton eines Sensationsreporters, der die erste Landung eines Menschen auf dem Mars verkündet: »Traurige Nachricht, die Vicky ist tot!«

Für fünf Sekunden erstarre ich zur Salzsäule. Dann renne, nein stürze, nein fliege ich in die gute Stube, schnappe meinen Sohn und zerre ihn hinaus. Sechs offene Münder starren mir nach, aber auch ich kann ihnen nichts erklären. Ich weiß ja selbst nicht, was los ist.

Vicky ist – oder war? – eine Klassenkameradin von Jacob. Oft kränklich, meistens fröhlich und immer schwerst mehrfach behindert. Wenn sie nicht gerade zur Schonung der Wirbelsäule flach auf einem Knautschkissen lag, saß sie angegurtet in ihrem Rehabuggy. Von dort aus strahlte sie die Welt an, mit der sie nur über einen Sprachcomputer mit neun Tasten kommunizieren konnte. Neun Tasten für neun verschiedene Sätze; mehr war nicht möglich. Nur ihre Eltern und Klassenlehrer verstanden einigermaßen ihre Mimik und unbeholfene Gestik, mit der sie die restlichen Dinge auszudrücken versuchte. Nicht nur das Sprechen, auch das Kauen und Schlucken bereitete ihr Probleme. Deshalb verbrachte sie jedes Jahr einige Tage im Krankenhaus, wo per Infusionen das ausgeglichen wurde, was sie auf natürlichem Wege nicht zu sich nehmen konnte. So war sie trotz mangelnder Bewegungsmöglichkeiten immer ein zartes Kind geblieben.

Und jetzt sollte Vicky tot sein? Jacob besteht darauf, dass seine »traurige Nachricht« wahr ist, und unterstreicht dies mit demonstrativem Heulen. Ein Blick in sein Muttiheft bestätigt das zunächst Unfassbare: Vicky ist tatsächlich an einer an sich harmlosen Infektionskrankheit gestorben. Ihr schwächlicher Körper hatte der Krankheit nicht genug entgegenzusetzen gehabt.

Die arme Vicky. Die armen Eltern. Vicky war ihr einziges Kind, liebevoll umsorgt und ehrlich geliebt. Wie würden sie das verkraften? Was konnte man ihnen sagen, wie sie trösten? Jacobs Demo-Heulen erinnert mich daran, dass ich jetzt erst einmal jemand anderes trösten muss. In der Schule haben sie bereits mit der Trauerarbeit angefangen. Sie haben ein Bild von Vicky aufgestellt, daneben eine Kerze angezündet. Dann haben sie sich erzählt, was sie mit ihr erlebt haben, woran sie sich erinnern wollen. Alle Achtung, da haben die Lehrer gut reagiert, obwohl sie ja selbst unter Schock gestanden haben müssen.

Ich mache einfach damit weiter, nehme meinen Zehnjährigen mal wieder auf den Schoß und lasse ihn erzählen. Aber Jacob hat bald genug von der Trauerarbeit. Er ist seine Sensation losgeworden, jetzt will er in den Sandkasten. Vielleicht ist es sogar gut, dass Kinder so schnell umschalten können, wenn es um Dinge geht, die sie in ihrer Endgültigkeit noch gar nicht richtig erfassen können.

Erst am Abend zeigt Jacob, dass ihm die Sache mit Vicky noch nachgeht. Als ich ihn ins Bett bringe und mit ihm beten will, hat er eine Frage. Er, der sonst abends drei Dutzend belanglose Fragen im Kopf hat, stellt heute nur eine. Und zwar die wesentlichste aller Fragen, die alles entscheidende: »Ist die Vicky jetzt im Himmel?«

Hmm. Jetzt schon, oder erst nach dem Ende dieser Welt? Biblisch begründen könnte man beide Möglichkeiten. Aber noch viel grundsätzlicher: Vickys Eltern hatten mit Gott nichts am Hut; das Mädchen war nicht getauft. Was macht Gott mit diesen Millionen von Kindern, die nie eine reelle Chance hatten, sich für oder gegen ihn zu entscheiden? Ich weiß es nicht. Würde jemand mich rein intellektuell danach fragen, würde ich ihm antworten, dass wir dieses Problem Gottes Gnade und Gottes Gerechtigkeit überlassen müssen.

Aber für Jacob ist das keine theoretische Frage. Er braucht jetzt keine theologischen Erwägungen, er braucht jetzt Trost und Halt. Und die Sicherheit, dass das, was wir ihm vor wenigen Tagen über die Auferstehung erzählt haben, auch für seine Lebensfragen Bedeutung hat. Und die hat es! Also antworte ich mit einem überzeugten »Ja«.

Jacob wäre nicht Jacob, wenn er jetzt nicht doch noch eine Frage hätte. Aber auch diesmal ist es eine, die mich staunen lässt, wie weit er denkt. »Hat sie denn ihren Rehabuggy mitgenommen?« Nein, das hat sie definitiv nicht. Den braucht sie nicht in Gottes neuer Welt, wo keine Krankheit, keine Behinderung mehr das Leben nach Gottes Vorstellungen einschränken darf. Nein, im Himmel braucht Vicky keinen Rehabuggy. Und auch keinen Sprachcomputer. Dort kann sie laufen. Und sprechen.

Jacob staunt, fragt nach. An diesem Abend bleibe ich lange an Jacobs Bettkante sitzen, und gemeinsam malen wir uns aus, wie es sein könnte mit Vicky im Himmel: Wie vielleicht ein Engel, vielleicht Jesus persönlich sie auffordert, ihre Beine zu gebrauchen und aufzustehen. Zaghaft, leicht ungläubig versucht sie es – und es gelingt. Erstaunt blickt Vicky auf ihre Füße, die bisher nur die Schuhe getragen haben. Jetzt tragen sie den ganzen zarten Körper! Sie wagt einen ersten wackligen Schritt, einen zweiten, schon festeren, einen dritten, vierten, fünften – bis sie umdreht, zurück rennt und ihrem Erlöser in die Arme springt. Und dann probiert sie sich weiter aus: rennen, hüpfen, tanzen. Sie klettert auf Bäume, schlägt Purzelbäume, springt Seil, und vielleicht findet sie einen Partner, um mit ihm Rock'n'Roll zu tanzen. Und irgendwann wird dieses einst so blasse Mädchen mit geröteten Wangen in den himmlischen Thronsaal laufen und dort einstimmen in den Chor all der Menschen, die ihrem Erlöser Loblieder singen.

Irgendwann ist Jacob zufrieden und zutiefst getröstet mit der Vorstellung einer völlig geheilten, glücklichen Vicky. Er kuschelt sich in seine Decke, und ich verlasse leise das Kinderzimmer.

Ich schalte im Flur kein Licht an – und stolpere prompt über Jacobs Gehhilfen. Krachend fallen sie gegen seinen Rollstuhl. Und ich starre all diese Hilfsmittel, auf die Jacob sein Leben lang angewiesen sein wird, mit einem ganz neuen Gedanken im Hinterkopf an: Sie sind nur vorläufig. Eines Tages werden sie überflüssig sein.

Nicht nur Vicky, auch Jacob wird im Himmel rennen, Berge besteigen, mit nackten Füßen über taufeuchtes Gras laufen. Cornelius wird endlich genauso geschickt mit einem Fußball umgehen können wie seine Klassenkameraden. Und die Schnürsenkel an seinen Fußballschuhen selbst zubinden. Martin wird seine Brille mit Sehstärke 7 höchstens noch aus ästhetischen Gründen tragen. Und ich werde nie wieder in meine Füße hineinfühlen und überlegen, ob das Schwächegefühl dort ein Schub MS oder doch nur eine Tagesschwankung ist.

So spinne ich Jacobs Frage nach Rehabuggys im Himmel einfach weiter. Gehhilfen wird es dort nicht mehr geben, auch keine Unterschenkelorthesen und keine dritten Zähne. Keine Neurologen, keine

Augenärzte und keine Rettungssanitäter. Keine Förderkindergärten, keine Seniorenheime und keine Krankenkassen. Keinen Neid, keine Sticheleien, keine Schulhof-Streitschlichter. Keine Polizei, keine Soldaten, keine Scheidungsrichter. Keine Erziehungsratgeber, keine Antidepressiva, keine Psychiater. Nicht einmal Taschentücher werden wir mehr brauchen, weder für einen Schnupfen noch für Tränen.

Natürlich, diese Vorstellungen sind allzu menschlich. Der Himmel wird ganz anders sein, für uns jetzt noch völlig unvorstellbar. Aber genau deshalb brauchen wir Bilder, die uns heute schon erwartungsvoll staunen lassen.

Und hier im dunklen Flur, zwischen Gehhilfen und Rollstuhl, entdecke ich eine neue Dimension von Gottes Versprechen einer Welt ohne Leid: Wenn wieder einmal alles um mich herum im realen oder gefühlsmäßigen Chaos zu versinken droht, werde ich mich wieder an Jacobs Frage erinnern und wissen: Das Chaos ist vorläufig. Krankheit und Behinderung sind vorläufig. Am Ende steht Gottes Ewigkeit. In der Jacob mit Vicky Rock'n'Roll tanzen kann.

Was für eine tröstliche Aussicht angesichts von Leid und Tod! Und was für ein großartiger Gott, der uns diese Perspektive eröffnet hat!

Gottesdienst

September 2005

Mit einem Kind, das 30 Stunden pro Tag redet, sind Gottesdienstbesuche eine Sache für sich. Eine Sache, die nicht mehr häufig stattfindet.

Aber heute will ich es wieder einmal versuchen. In der Görlitzer Innenstadtgemeinde singt ein polnischer Jugendchor jiddische Lieder, und Martin hält den Gottesdienst. Da möchte ich dabei sein!

Während der Predigt gibt es einen Kindergottesdienst, dessen Mitarbeiter mit unseren Jungs gut klarkommen. Mit der berechtigten Hoffnung, dass auch ich diesen Sonntagvormittag werde genießen können, packe ich Jacob und Cornelius ins Auto und fahre los.

Wie üblich sind wir spät dran. Und wie zu erwarten war, sind wir nicht die einzigen, die den polnischen Chor hören wollen. Vor dem Gemeinderaum drängen sich mindestens doppelt so viele Leute wie üblich. Während ich noch versuche, ein bekanntes Gesicht in der Menge zu entdecken, hat Jacob genau das schon geschafft. Mit einem begeisterten: »Gaugiaa!« rennt er los, um seine Schulkameradin Claudia zu begrüßen. Ihre Mutter hat ein ähnliches Gottesdienst-Problem wie ich, und ich freue mich, dass auch sie es heute Morgen gewagt und geschafft hat. Während die Glocken die Leute in den Saal rufen, tauschen Konstanze und ich noch die Ereignisse der letzten Wochen aus. Als auch wir den Gemeinderaum betreten, stellen wir fest, dass das ein Fehler gewesen war: Alle Sitzplätze sind längst besetzt, mindestens zwei Dutzend Besucher drängen sich im Mittelgang.

Was nun? Jacob kann nicht so lange stehen, Claudia will es auf keinen Fall. Während Konstanze und ich uns noch ratlos umsehen, wird sie aktiv: In einer der vorderen Reihen hat sie zwei freie Plätze erspäht. Resolut drängt sie sich nach vorne, Jacob und Cornelius im Schlepptau. Mit seinem charmant-hilflosen Lächeln schafft Cornelius es irgendwie, aus den zwei Plätzen drei zu machen. Fünf werden es nicht.

Keine Chance für Konstanze und mich. Keine Chance, im Notfall zu unseren Kindern durchzudringen, um sie zum Schweigen zu ermahnen oder von anderweitigem Unfug abzuhalten. Oder sie schlimmstenfalls unauffällig nach draußen zu befördern. Mit einem resignierten Seufzer lehnen wir uns an einen Heizkörper und harren der Dinge, die da unweigerlich kommen werden.

Als erstes kommt Martin, begrüßt Gäste und Chor und beginnt mit der Eingangsliturgie. Spätestens da hat Jacob die wunderbar langen Haare der Dame vor sich entdeckt und beginnt, mit seinen Fingern Locken hinein zu wickeln.

Hilfe!

Wer hat dieser Frau eigentlich gestattet, sich samt ihrer Haarpracht genau vor meinen Sohn zu setzen? Warum hält sie sich nicht an das immerhin biblische Gebot, im Gottesdienst keine offenen Haare zu tragen?

Und wo ist das Loch im Boden, in dem ich samt meinem haarewickelnden Kind jetzt und sofort versinken kann?

Es gibt kein Loch. Aber es gibt Claudia. Ruhig löst sie die Haare aus Jacobs Fingern und legt letztere mit Nachdruck zurück in Jacobs Schoß. Der lautstarke Protest, den ich jetzt unweigerlich zu hören bekäme, bleibt aus. Ich bin viel zu erleichtert, um auf Claudias pädagogische Fähigkeiten neidisch zu werden.

Der Jugendchor singt. Er singt wundervoll, mitreißend, erhebend. Mitten drin beginnt Claudia zu klatschen. Cornelius flüstert ihr irgendetwas ins Ohr, was sie dazu bewegt, mit dem Applaus noch zu warten. Als der Gesang zu Ende ist, hört man ein deutliches: »Jetzt dürfen wir!« von meinem Jüngsten, und unsere Kinder klatschen los. Die Gemeinde lässt sich zu einem langen Applaus mitreißen, den Cornelius mit Jubelschreien immer weiter anheizt. Zum Schluss erhält der Chor von unseren Kindern stehende Ovationen; einige andere Gemeindeglieder erheben sich ebenfalls von ihren Sitzen. Einen solch donnernden Applaus hat der Saal wahrscheinlich schon lange nicht mehr erlebt.

Martin hat es nicht leicht, zur Predigt überzuleiten. Als erstes entlässt er die Kinder in ihren eigenen Gottesdienst. Eine ganze Kinderschar stürmt hinaus und ist verschwunden, bevor unsere drei sich aus ihrer Stuhlreihe hinaus auf den Mittelgang gedrängt haben. Claudia und Cornelius schauen sich unsicher um, aber mit einem: »Ich weiß, wo das ist« zieht Jacob sie mit sich in Richtung Ausgang. Cornelius stützt den großen Bruder von links, Claudia hakt ihn rechts unter, und so ziehen sie los: Drei behinderte Kinder, die sich gegenseitig weiterhelfen.

Zurück bleiben zwei glückliche Mütter, die unbesorgt einen ganzen Gottesdienst genießen können. Was für eine wunderbare Konstellation, was für ein wunderbarer Tag!

Eins-dreizehn

Juli 2007

Cornelius hatte schon immer seine eigene Art, Fortschritte zu machen.

All unser Üben, Trainieren, Therapieren ignoriert er völlig.

Da konnte ich wochenlang mit ihm Robben üben – und nichts geschah. So lange, bis er von einer Stunde auf die andere seitwärts durch die Wohnung rollte.

So hat er nun auch Fahrradfahren gelernt. Seit zwei Jahren haben wir ein normales Kinderfahrrad neben seinem Therapierad in der Garage stehen. Ich habe stundenlang meinen Rücken malträtiert, indem ich neben Cornelius hergelaufen bin und ihn am Sattel festgehalten habe. Kaum ließ ich los, geriet das Rädchen in gefährliche Schieflage.

Und dann holte Martin mal wieder seinen Cityroller hervor. Nach ein paar zögerlichen Versuchen war Cornelius hellauf begeistert. Dreimal Schwung geben, beide Beine auf das Trittbrett, und weg war er. Eine Runde um die Häuser, eine zweite ... so lange, bis Martin ihm den Roller abnahm und ihn aufs Fahrrad setzte. Wer auf dem Roller sein Gleichgewicht halten kann, müsste es doch auch auf dem Rad schaffen.

Martin gab sich gar nicht erst damit ab, Sohnemann am Sattel festzuhalten. Er gab dem Fahrrad einen Schubs und harrte der Dinge, die da kommen würden. Zwei Mal landete Cornelius seitlich am Gartenzaun, beim dritten Mal schaffte er es schon bis zum Zaun des Nachbarn. Der vierte Versuch führte Cornelius fast eine komplette Runde um die Häuser. Wenige Tage später radelte er mit Papa einen Kilometer weit bis an die Neiße, danach verbat er sich unsere Begleitung und düste völlig sicher alleine durchs Dorf.

Währenddessen hatte Jacob so gute Fortschritte beim Laufen gemacht, dass wir unser Gepäck für den Sommerurlaub in Frankreich umstellen konnten: Der Rollstuhl blieb zu Hause, dafür kam Cornelius' Fahrrad in den Kofferraum. Was für ein Wechsel!

Auf der Rückfahrt machen wir Station in Hessen bei Cornelius'
Patentante Susann und ihrem Mann Rolf. Dort wird gerade Dorf-
fest gefeiert, erstmalig mit einem großen Umzug. Wir stellen uns
zwischen die anderen Schaulustigen an die Straße und warten. Und
warten. Und warten.

Offensichtlich hat sich der Zug gewaltig verspätet. Die Kinder
werden unruhig, auch unsere beiden verlieren allmählich die
Geduld.

Zum Glück hat Cornelius sein Rädchen dabei. Über drei Seiten-
straßen kann er prima eine kleine Runde fahren: Erst recht flach
bergauf, dann eine Spitzkehre nach links, weiter bergauf, und dann
ein kurzes steiles Stück den Berg hinunter zu uns zurück.

Um es noch etwas spannender zu machen, stoppt Martin die
Zeit. Braucht Cornelius für die erste Runde noch über drei Minuten,
so legt er die dritte bereits in knapp zwei Minuten zurück. Immer
schneller wird das Fahrrad, und immer besorgter blicken die Leute
neben uns drein, wenn Cornelius mit Höchstgeschwindigkeit den
Berg hinunter rast und erst kurz vor der Gehsteigkante die Kurve
bekommt. Wir machen uns da weniger Sorgen. Cornelius hat sein
Rädchen immer gut im Griff gehabt, und Stürze beim Fahrradfahren können jedem mal passieren.

»Eins-fünfundzwanzig!«, jubelt Martin bei der nächsten Runde.

»Und jetzt fahr ich Rekord«, kündigt der Rennfahrer stolz an. Mit
kräftigen Tritten treibt er sein Rad die Straße hinauf und erscheint
kurz darauf oben an der steilen Abfahrt. Ungebremst lässt er das
Fahrrad hinuntersausen.

»Eins-dreizehn – Rekord!«, hört man Martin verkünden. Und
dann hört man nur noch, wie zwei Dutzend Leute den Atem anhalten. Noch schneller als sonst rast unser Jüngster über die Straße,
reißt den Lenker direkt vor uns herum. Das Vorderrad kriegt die
Kurve noch, für das Hinterrad ist es zu spät. Es kracht seitlich gegen
den Bordstein. Fahrrad und Kind schleudern in einem einzigen
Knäuel zurück auf die Straße und bleiben dort liegen. Stille.

So lange, bis sich ein Arm zwischen dem Gestänge-Wirrwarr
hindurchschiebt und senkrecht in die Höhe reckt. Zeige- und

Mittelfinger formen das Victory-Zeichen, und unter dem Fahrrad heraus erklingt der Triumphschrei: »Eins-dreizehn!«

Als wir Kind und Fahrrad auseinandersortiert und von der Straße heruntergeholt haben, kommen doch noch ein paar Tränen. Unterbrochen von stolzem Strahlen, sobald Martin »Eins-dreizehn« ins Ohr des Bruchpiloten flüstert.

Zum Glück wohnen Rolf und Susann ganz in der Nähe; so sind die Pflaster schnell geholt, um Cornelius' Schrammen zu verarzten. Mehr hat er tatsächlich nicht davongetragen. Auch wenn uns das die Umstehenden erst einmal nicht wirklich glauben wollen.

Zum Glück ist Rolf Automechaniker und kann das Rädchen schnell wieder fahrfähig machen.

Und zum Glück kommt jetzt endlich der Festumzug. Er ist fantasievoll gestaltet, wir entdecken einige alte Bekannte, und alle sind zufrieden. Am zufriedensten aber ist unser Jüngster. Noch beim Abendessen betrachtet er stolz seine Pflaster an Knie und Ellbogen und flüstert vor sich hin: »Eins-dreizehn«.

Ich glaube, mit dieser Einstellung wird er noch ganz andere »Stürze« überstehen als den an der Bordsteinkante.

Eigene Entscheidung

21. Oktober 2007

Eine Pfarrersfamilie mit ungetauften Kindern? Kann es so etwas überhaupt geben? Diese oder ähnliche Fragen, gepaart mit ungläubigen Blicken, bekommen wir regelmäßig zu hören, wenn wir erzählen, dass Jacob und Cornelius als Babys nicht getauft, sondern gesegnet wurden.

Ja, das geht tatsächlich. Manche Landeskirchen haben offiziell eine Kinder-Segnung eingeführt. Dieses Angebot haben wir gerne angenommen. Wir wollten unseren Kindern bei der Tauffrage die freie Entscheidung lassen. Sie sollten, wenn überhaupt, ein eigenes, bewusstes »Ja« zu ihrer Taufe sagen, um sich später auch in schwierigen Zeiten daran erinnern zu können.

Als wir erfuhren, dass unser erstes Kind mit einem Wasserkopf zur Welt kommen würde, haben wir noch einmal kurz überlegt. Konnte ein geistig behinderter Mensch überhaupt eine bewusste, eigenständige Glaubensentscheidung treffen?

Aber hatte Jesus nicht ganz explizit Kinder als Beispiel für vorbildhaften Glauben genannt? Also Menschen, die ihre Entscheidungen weniger aus dem Kopf, sondern mehr aus dem Herzen fällen? Und bereitet die Vorstellung »Gott« nicht sogar hochintelligenten Menschen Verständnisprobleme? Während Liebe etwas ist, das auch jedes Kind, jeder Behinderte kennt und erfassen kann?

Ja, wir wollten Jacob, egal wie schwer seine Behinderung sein würde, seine Entscheidungsfreiheit lassen.

Sowohl Jacob als auch Cornelius bekamen also einen kirchlichen Segen zugesprochen und Segnungspaten an die Seite gestellt, wurden aber eben nicht getauft.

Neutral erziehen wollten wir unsere Kinder aber nicht. Wir geben ihnen ja auch in anderen Lebensbereichen weiter, was wir als gut, richtig und hilfreich erfahren haben. Gebete, christliche Kinderlieder, Geschichten aus der Bibel und ein offenes Vorleben des eigenen Glaubens – das ist unser Standard-Programm, wie es in unzähligen christlichen Familien praktiziert wird.

So kannten sich die beiden bald in Noahs Arche besser aus als im Märchenwald von Hänsel und Gretel. Und sie konnten recht früh das, was sie bei uns beobachtet haben, selbst anwenden. Nie werde ich den Tag vergessen, an dem ich mit Cornelius im Auto an einem schweren Unfall vorbei gefahren bin. Ein Auto war wohl mit überhöhter Geschwindigkeit von der Straße abgekommen, einen Hang hinauf geschleudert und dann zurück auf die Fahrbahn gefallen. Da lag es nun auf dem Dach inmitten von Glasscherben, umrahmt von Polizei- und Krankenwagen.

Mein damals sechsjähriger Sohn schluckte mehrfach. So, wie ich ihn kannte, würde er das Gesehene erst in ein paar Minuten verarbeiten und dann panikartig in Tränen ausbrechen. Während ich schon nach einer freien Parkbucht Ausschau hielt, meldete sich von hinten eine zaghafte Stimme: »Mama, darf ich jetzt gleich für die Verletzten von dem Unfall beten?«

Alle Achtung, da war Cornelius ganz alleine auf die beste aller Möglichkeiten gekommen, seinen Schreck und seine Angst sinnvoll zu verarbeiten. Mir wäre das frühestens am Abend in den Sinn gekommen. Jesus hatte wohl auch an unseren Cornelius gedacht, als er die Erwachsenen aufgefordert hat, im Glauben so zu werden wie die Kinder.

Natürlich nehme ich unsere Jungs auch mit in den Kindergottesdienst. Über eine Freundin, die bei der evangelischen Stadtjugendarbeit von Görlitz mitarbeitet, können Jacob und Cornelius sogar an deren Jungscharprogramm teilnehmen. Das entspricht genau unseren Vorstellungen: Die beiden mit all ihren Besonderheiten nicht verstecken, sondern sowohl ihnen als auch ganz normalen Gruppen zuzutrauen, dass sie miteinander klarkommen.

Im letzten Sommer durfte Cornelius sogar auf eine Kinderfreizeit mitfahren. Alles klappte problemlos. Der Leiter wunderte sich nur, weshalb wir dem Jungen lediglich Sandalen und Gummistiefel mitgegeben hätten. Ich war mir dagegen völlig sicher, Cornelius zur Abfahrt Halbschuhe angezogen zu haben. Das Rätsel klärte sich, als die Co-Leiterin mit einem Paar Schuhe erschien, das die ganze Woche über herrenlos auf dem Flur gestanden hatte … Was soll's, so etwas hätte in diesem Alter ganz gut auch mir passieren können.

Cornelius besucht auch die Christenlehre in unserem Dorf. Als dort das Thema Taufe auf dem Programm steht, müssen wir unserem Sohn erklären, dass und warum er nicht getauft ist. Er hört so aufmerksam zu und stellt so durchdachte Fragen, dass wir am Ende nur noch drei Fragen an unseren Zehnjährigen haben: Glaubst du, dass Jesus Gottes Sohn ist? Willst du mit Jesus leben? Willst du als Zeichen dafür getauft werden?

Auf alle Fragen erhalten wir ein eindeutiges Ja.

Nun sind wir in der Pflicht. Zunächst einmal müssen wir Jacob erklären, was Cornelius vorhat. Ich habe Jacobs Reaktion fast schon erwartet: Er will sich auch taufen lassen. Unsere noch einfacher gefasste Frage: »Glaubst du an Jesus, und hast du ihn lieb?«, bejaht auch er mit überzeugender Begeisterung.

Also gehen wir die Planung an, vereinbaren einen Termin mit Familie, Paten und Ortspfarrer.

Als Taufspruch wählt Cornelius die Jahreslosung aus: »Jesus Christus spricht: Ich lebe, und ihr sollt auch leben.«

Jacob verkündet, er wolle »einen Spruch von mir«. Hm, aus der Bibel sollte er schon sein.

Ja, das hat Jacob schon verstanden. Er meint »einen Spruch aus der Bibel von mir«.

Es wäre mir neu, dass unser Jacob vor mehreren tausend Jahren einen Bibelteil verfasst hätte ... Jacob? ... Da fällt endlich der Groschen: Unser Sohn will einen Spruch aus der biblischen Jakobs-Geschichte. Allerdings findet sich dort kein einzelner, prägnanter Satz. So nehmen wir uns die Freiheit, aus Gottes Zusagen an Jakob selbst einen Taufspruch zusammenzustellen: »So spricht der Herr: Siehe, ich bin mit dir und will dich behüten«, und damit ist Jacob einverstanden.

Die Vorfreude unserer Jungs auf ihr großes Fest steigt zusehends. Leider sinkt im Gegenzug aus verschiedensten Gründen unsere Gästezahl.

Immerhin ist von jedem der Jungen ein Pate bei der Taufe dabei. In kleinem Kreis mit elf Personen gestalten wir ein ganzes Fest-Wochenende mit einem Ausflug nach Prag, einer Görlitz-Führung von Martin und vielen kleinen Höhepunkten. Beide Kinder sind schon am Samstagabend völlig überdreht. Jacobs Redeschwälle fallen noch wilder aus als normalerweise, und Cornelius beginnt in schrillen Tönen zu kreischen, sobald er den Eindruck hat, die Gäste kümmerten sich nicht ausreichend um ihn. Wie soll das nur morgen im Gottesdienst werden?

Unsere Sorgen sind vollkommen überflüssig. Die Täuflinge sitzen nervös, aber äußerlich einigermaßen ruhig zwischen ihren Gästen. Dann treten sie mit uns und ihren Paten nach vorne an den Taufstein. Jacob als der Ältere ist zuerst an der Reihe.

Auf die Frage, ob er getauft werden möchte, antwortet er völlig ruhig und sicher: »Ja, ich will.« Er lässt sich das Taufwasser über die Haare gießen, hört seinen Taufspruch, nimmt die Taufkerze in Empfang.

Bei Cornelius läuft alles ebenso glatt. Der einzige Unterschied liegt in einer Winzigkeit mehr Nachdruck, die er seinem Ja verleiht.

Nach dem Gottesdienst kommt das, was für die meisten Kinder der Hauptteil jedes Festes ist: Es gibt Geschenke. In weiser Voraussicht haben wir einen Wäschekorb für das Einwickelpapier bereitgestellt, um im Wohnzimmer jederzeit eine begehbare Gasse frei halten zu können. Dann müssen wir das Chaos sich selbst überlassen, um zum Essen zu fahren. Dort wetteifern alle Gäste darum, die Jungs in der Zeit zwischen Bestellung und Servieren des Essens bei Laune zu halten. Als das Essen kommt, sind beide schon wieder komplett überdreht.

Der Rest des Tages besteht in Aufbruchstimmung. Bei jedem weiteren Abschied quietscht Cornelius lauter, umarmt Jacob die Abreisenden noch stürmischer, erhöht sich die Gefahr, dass er sie zu Boden reißt. Glücklich, aber völlig außer Atem und erschöpft, fallen die beiden schließlich in ihre Betten. Martin und ich freuen uns auf die wohlverdiente Ruhe nach dem Sturm.

Aber vorher setze ich mich bei jedem Kind ans Bett und bete mit ihm. Cornelius zählt noch einmal alles auf, wofür er Gott Danke sagen will: die Gäste, die Geschenke, die Taufe, das leckere Essen, den schönen Tag.

Für so viele Gedanken ist Jacob bereits viel zu müde. Er kann nur noch, glücklich lächelnd, einen kurzen Satz vor sich hin murmeln. Einen Satz, der auch mich glücklich macht. Weil er mir zeigt, dass Jacob sehr wohl begriffen hat, worum es bei all den spannenden Ereignissen des Wochenendes eigentlich ging: »Jetzt gehöre ich ganz zu Jesus.«

Danke, Manfred

2. Mai 2008

Schon seit Tagen wartet Jacob ungeduldig darauf, heute seinen Onkel Manfred anzurufen. Nun ist es endlich so weit: Mein Sohn kann meinem Bruder zum vierzigsten Geburtstag gratulieren.

So lange ist es jetzt also her, dass das Thema »Behinderung« in mein Leben getreten ist. Noch völlig unerkannt, sowohl von den Ärzten als auch von den Eltern, und erst recht unbemerkt von der damals noch nicht einmal dreijährigen großen Schwester.

Bis in die Grundschulzeit hinein galt Manfred als »Spätzünder«. Erst als er in der fünften Klasse von der Haupt- auf die Förderschule wechselte, wurde offiziell klar, was unsere Eltern schon längst ahnten: Manfred ist lern- und körperbehindert, wahrscheinlich aufgrund eines kurzen Sauerstoffmangels während der Geburt.

Für mich war der kleine Bruder bis dahin abwechselnd ein Objekt der schwesterlichen Fürsorge und des klassischen Geschwisterneides gewesen. Ich weiß noch genau, wie ich für ihn auf längeren Autofahrten mit meiner Puppen »Logopädin« gespielt oder ihm an sämtliche Einrichtungsgegenstände in seinem Zimmer die englischen Bezeichnungen geklebt habe. Genauso deutlich erinnere ich mich aber auch an die heimliche Freude, mit der ich meine erste Vier in einer Lateinarbeit nach Hause brachte. Denn nun musste die Mama endlich einmal auch mit mir für die Schule üben, statt den ganzen Nachmittag immer nur mit Manfred zusammenzusitzen. Nicht, dass ich mich ums Lateinlernen gerissen hätte – es ging mir um die Zeit mit Mama, von der mein kleiner Bruder in meinen Augen völlig ungerechterweise den Löwenanteil beanspruchte.

Erst nach seinem Wechsel auf die Förderschule ging mir allmählich auf, dass es Manfred war, der vom Leben völlig ungerecht behandelt wurde. Wäre der Intelligenzquotient von uns drei Kindern gerecht aufgeteilt gewesen, wäre für uns alle immer noch eine ordentliche Berufsausbildung herausgekommen. So, wie die geistigen Fähigkeiten tatsächlich verteilt waren, würden für meinen großen Bruder und mich die Türen sämtlicher Universitäten offen stehen, während auf Manfred die Behindertenwerkstatt oder allenfalls ein Job als ungelernter Arbeiter wartete.

Was zählten gegenüber diesen Zukunftsaussichten all die Mathe-Übungsstunden mit Mama, die für Manfred doch eher mühsam als freudig waren?

Nach dieser Erkenntnis musste ich noch fast zehn Jahre älter werden, um zu bemerken, dass mir die Kindheit mit einem behinderten Bruder noch mehr eingebracht hat als die Erkenntnis, dass meine Sicht von Ungerechtigkeit sehr subjektiv gefärbt sein kann.

Für diese neue Entdeckung musste ich erst einige Menschen kennenlernen, die fürchterlich darunter litten, dass sie niemals zu den Klügsten, Besten oder Schönsten zählen würden. In wie vielen Predigten und Andachten habe ich etwas gelangweilt gehört, dass für Gott jeder Mensch unendlich wertvoll ist, auch wenn er gar nichts Besonderes leistet. Mir war das irgendwie schon immer klar gewesen, das war doch selbstverständlich!

Dachte ich.

Eigentlich wäre auch ich als Schülerin, die ohne größere Anstrengungen auf Einsen und Zweien abonniert war, geradezu prädestiniert gewesen für die Weltsicht der modernen Gesellschaft, die jedem Menschen einen Wert zumisst, der seinen Leistungen entspricht. Aber auf diesen Gedanken war ich nie gekommen.

Ich bin mir sicher, dass das an Manfred liegt, und an unseren Eltern. Sie haben es nie extra thematisiert, sie haben es einfach als Selbstverständlichkeit gelebt: Die Würde eines Menschen ist unabhängig von seinen Leistungen.

Natürlich haben sie sich gefreut, wenn die beiden Großen ihr erstes Liedchen auf der Flöte vorspielten, gute Zeugnisse nach Hause brachten oder sich eigenständig in die Astronomie beziehungsweise die russische Sprache einarbeiteten. Aber genauso groß war ihre Freude, als Manfred endlich das Radfahren gelernt hatte oder einmal eine Eins im zuvor vier Mal im Unterricht geübten Diktat geschrieben hatte.

Niemals habe ich unsere Mutter klagen hören über die Belastungen, die die zahlreichen Therapien für Manfred mit sich brachten, obwohl sie dafür manchmal weit fahren musste. Nie habe ich gehört, dass meine Eltern Manfred gegenüber den beiden gesunden Kindern herabgesetzt hätten.

Im Gegenteil, selbst als er mit sandigen Schuhen und einer Drahtbürste auf das Dach von Mamas Auto kletterte, um es zu putzen, betonten sie noch seine Hilfsbereitschaft. Mit unendlicher Geduld bog Papa verbogene Fahrradgabeln wieder gerade oder nahm beim Skilaufen seinen Jüngsten zwischen die Beine, um ihn über steile Stücke den Hang hinunter zu lotsen. Wie oft hat Mama mit angehaltenem Atem Manfreds Kletter»künsten« zugeschaut oder ihm das Schneiden mit einem scharfen Messer beigebracht, immer Pflaster und Impfausweis in Reichweite.

Sie haben all das ohne großes Aufheben getan; sie haben es einfach gemacht. Weil Manfred eben zu unserer Familie dazu gehörte, so wie er eben war. Daran gab es nichts zu rütteln. Punkt.

Damit haben sie und Manfred mich eine Lektion gelehrt, die man in der Theorie nicht lernen kann, die an keiner Schule dieser Welt ausdrücklich gelehrt wird, und die doch in unserer Leistungsgesellschaft so unendlich wichtig ist: Die Würde des Menschen besteht unabhängig von seinen Leistungen.

Als Lehrer für diese Lektion sind Professoren ungeeignet. Dafür braucht man echte Mütter und Väter. Oder, noch besser: Behinderte.

Wie viele eigentlich gesunde Menschen habe ich inzwischen kennengelernt, die durch eine leichte Überforderung an der Arbeitsstelle krank geworden sind, die an ihren eigenen zu hohen Ansprüchen zerbrochen sind oder die ihr Leben als sinnlos empfinden, weil sie aus Altersgründen nicht mehr Auto fahren können!

Und wie viele schwer behinderte Menschen habe ich inzwischen kennengelernt, die trotz immenser Einschränkungen ihrer Entfaltungsmöglichkeiten einfach ihr Leben genießen und voller Selbstbewusstsein Lebensfreude verbreiten!

Wer es wagt, näher mit Behinderten in Kontakt zu kommen, der kann diese Lebens-Lektion von ihnen lernen.

Deshalb verstecken wir unsere Kinder bewusst nicht. Deshalb trauen wir es Teenagern zu, sie einen Nachmittag lang zu betreuen. Deshalb muten wir anderen Urlaubern ihren Anblick zu. Deshalb schicken wir sie in die Kinderbetreuung von Gottesdiensten oder Familienfreizeiten.

Und deshalb behaupte ich: Unsere Gesellschaft braucht Menschen wie Manfred, Jacob und Cornelius, um von ihnen zu lernen, was den ureigensten Wert eines Menschen ausmacht: Einfach da zu sein, als geliebtes, geachtetes Geschöpf Gottes.

Unsere Gesellschaft beraubt sich selbst, wenn sie Schwangeren nach der Diagnose einer Behinderung ihres Kindes zur Abtreibung rät, wenn sie per PID ein noch früheres und gründlicheres »Aussortieren« nicht normgerechter Embryos vornimmt oder wenn sie Behinderte in Wohnstätten außerhalb der Ortschaften versteckt.

Unsere Gesellschaft braucht Behinderte. Sie braucht Menschen, die es akzeptieren, mit ihnen zusammenzuleben. Sie braucht Menschen, die Eltern Mut machen, ein behindertes Kind zur Welt zu bringen und in ihre Familie aufzunehmen.

So, wie es meine Mutter getan hat, als im siebten Schwangerschaftsmonat der Hydrozephalus bei Jacob festgestellt wurde. Während ich, noch selbst halb unter Schock, andere Familienmitglieder und Freunde fast trösten musste, hat sie ganz anders reagiert. Einen Moment schwieg sie am anderen Ende der Telefonleitung, dann meinte sie ruhig: »Ach, Sabine, du und ich, wir beide wissen doch, dass man auch mit einem behinderten Kind ein sinnvolles Leben führen kann.«

Ja, auch wenn es mir manchmal schwer fällt, das weiß ich.

Danke, Mama. Danke, Manfred.

Verloren– gefunden 2

Juli 2008

Cornelius' Solo-Busfahrt auf Bornholm hat uns bereits gezeigt, dass unser Sohn auch beim Verlorengehen gerne ungewöhnlich vorgeht. Daran hat sich bis heute nichts geändert.

Kaum konnte er sprechen, haben wir ihm erklärt, dass er sich ausrufen lassen kann, wenn er in einem Kaufhaus verlorengehen sollte. Seither nehme ich ihn so selten wir möglich in große Supermärkte mit. Denn dort geht Cornelius besonders gerne »verloren«. Ich brauche ihm nur zu sagen, dass er beim Einkaufswagen stehen bleiben soll, während ich die Regale noch schnell nach der Hirse absuche. Noch bevor ich fündig werde, ertönt garantiert eine Durchsage:

»Der kleine Cornelius möchte von seiner Mutti an der Infotheke abgeholt werden.« Er muss, kaum dass ich hinter dem ersten Regal verschwunden bin, zur Infotheke rennen, um mich dann vorwurfsvoll zu empfangen mit den Worten: »Ich wusste einfach nicht mehr, wo du warst.«

Sich ausrufen lassen macht meinem Sohn offensichtlich Spaß. Vor allem, wenn es an der Infotheke Gummibärchen als Trost gibt. Trotzdem erspare ich mir lieber die Blicke der Kassiererinnen, wenn ich zum dritten Mal innerhalb einer Woche meinen ach so alleine gelassenen Sprössling abhole.

Cornelius verläuft sich nicht nur in Supermärkten, er schafft das sogar in seiner eigenen Schultasche. Jedenfalls verliert er dort regelmäßig jede Orientierung und findet nichts von alledem wieder, was wir am Vorabend gemeinsam hineingepackt haben.

Das Hausaufgabenheft? Cornelius durchwühlt die Schultasche drei Mal ebenso wild wie erfolglos. Bis die Lehrerin der Vorstellung ein Ende setzt, indem sie einen Blick in die Tasche wirft und das gesuchte Heft hervorzaubert.

Die Mathe-Hausaufgaben? Fehlanzeige, kein entsprechendes Blatt findet sich im Hefter. Nachmittags muss ich meinen Sohn daran erinnern, dass er die Aufgaben in sein Heft geschrieben hat. In der Schule hat Cornelius zwar in eben diesem Heft weiter gerechnet, aber seine Hausaufgaben komplett übersehen.

Mindestens einmal pro Woche muss er sich einen Kuli von einem Klassenkameraden ausleihen, weil seine Federtasche unauffindbar ist. Oder zumindest der Füller. Beides liegt auf wundersame Weise wieder brav in der Schultasche, sobald ich danach suche.

Nur die Füllerkappen, Radiergummis und Anspitzer sind klein genug, um regelmäßig vom Erdboden verschluckt zu werden. Da hilft auch kein Suchen der Lehrer, Mitschüler oder Eltern mehr. Zum Glück führt unser Schreibwarengeschäft die Füllerkappen einzeln; ich kaufe sie immer im Dutzend. Anspitzer lasse ich gleich zu Hause. Ebenso wie die Radiergummis, nachdem ich festgestellt habe, dass Cornelius sie im Laufe eines Schultages aus Frust oder Langeweile komplett zerbeißt.

Unser Jüngster macht das durchaus nicht mit Absicht. So seltsam es klingt: Er findet seine Sachen tatsächlich nicht. Er kann abends auf seiner Schlafanzughose sitzen und sich beschweren, dass keine in seinem Bett liegt. Der Gameboy wird auch dann noch verzweifelt gesucht, wenn er direkt vor Cornelius' Nase auf dem Tisch liegt. Sucht er ein Puzzleteil und wir sagen ihm, dass er nur nach links auf den Boden schauen muss, so blickt er genau in die richtige Richtung – und sieht es nicht. Dieses Phänomen muss mit seiner Behinderung zusammenhängen. Cornelius verfügt einfach über keinerlei Orientierung, weder draußen, noch zu Hause noch in seiner Schultasche.

Auf solch ein Kind muss man natürlich auf Ausflügen besonders gut aufpassen.

Das versuchen wir auch. Aber auch wir sind offensichtlich keine normalen Eltern und bringen Dinge fertig, die nach allen Regeln der Logik unmöglich sein müssten. Oder können Sie sich vorstellen, dass man auf einer Fahrradtour ein Kind verlieren kann, das zwischen seinen Eltern radelt?

Nein?

Dann muss ich Sie eines Besseren belehren: Man kann.

Genauer gesagt: Wir können.

Wie mittlerweile üblich, haben wir Martins und Cornelius' Fahrräder mitgenommen in unseren Urlaub in Oostkapelle an der holländischen Küste. Für Ausflüge zu viert leihen wir uns ein Tandem aus, auf dem Jacob hinter mir mitradeln kann, ohne das Gleichgewicht zu verlieren.

Nun sind selbst im Fahrradland Holland Leih-Fietsen so eine Sache. Wenn es dann auch noch ein Tandem sein muss, muss man nehmen, was man bekommt.

Wir haben ein Tandem mit Dreigangschaltung bekommen, bei dem aber nur der erste Gang funktioniert. Der dritte als einziger Gang wäre mir wesentlich lieber, da ich gerne langsam trete, dafür aber mit umso mehr Kraft. Hinzu kommt, dass das Gespann zwar massiv und schwer, aber trotzdem recht wacklig ist. Aber wie gesagt, wir hatten keine Wahl.

So radeln wir also los, für eine Tagesfahrt an der Küste entlang bis ins etwa fünfzehn Kilometer entfernte Veere. Martin vorneweg und Cornelius in der Mitte schaffen die Strecke locker. Für mich artet sie in Schwerstarbeit aus, weil Jacob den schnellen Tretrhythmus nicht mithalten kann. So muss ich nicht nur schneller als gewohnt strampeln, sondern auch zusätzliche Kraft für dreißig Kilo Kind aufwenden.

Nach ausgiebiger Mittagsrast treten wir die Rückfahrt an. Aber wir kommen nicht weit, bis ich mit meinen Kräften am Ende bin. So tauschen Martin und ich die Fahrräder. Allerdings will Martin »sein Tempo« und deshalb weiter vorneweg fahren.

Spricht's und düst los. Martin kommt mit dem Tandem wesentlich besser klar als ich, da er gerne mit wenig Kraft schnell tritt. Nur umdrehen kann er sich auf dem instabilen Gefährt nicht. So bekommt er nicht mehr mit, dass Cornelius beim Losfahren stürzt.

Ich lasse Martins Fahrrad erst einmal ins Gras fallen und leiste erste Tröste- und Aufstehhilfe. Dann schicke ich unseren Sohn los, immer den Radweg entlang dem Papa hinterher, der bereits hinter der nächsten Kurve verschwunden ist.

Ich will ihm folgen, aber das klappt nicht so richtig. Der Dynamo hat sich beim Hinlegen des Rades verbogen und scheuert nun kräftig am Vorderreifen. Das bremst natürlich gewaltig. Also steige ich nochmals ab und bringe den Dynamo wieder in die Vorsturz-Position. Nun kämpfe ich nur noch mit der Gangschaltung. Denn Martin hat mir sein Fahrrad natürlich in einem Gang übergeben, der für meine Radelweise viel zu niedrig ist. Wenn ich bloß wüsste, mit welchem Hebel man in welche Richtung drücken muss, um hochzuschalten, und wenn das dann auch flüssig funktionieren würde …

Beides ist nicht der Fall. Bis ich endlich mit Martins Rad warm geworden bin, ist auch Cornelius hinter der nächsten Kurve verschwunden. Irgendwann wird er wohl seinen Papa einholen, und hoffentlich schaffe ich das auch.

Auf den nächsten zehn Kilometern schaffe ich es jedenfalls nicht. Dann stehe ich vor einer Weggabelung. Mein Gefühl schickt mich nach rechts, Richtung Meer, aber der Wegweiser gibt nur einen Ort hinter dem unsrigen an. Dafür steht auf dem Wegweiser nach links deutlich »Oostkapelle«. Welche der beiden Möglichkeiten haben meine drei Männer denn nun genommen?

Ich entscheide mich für den linken Weg. Der führt mich nach kurzer Zeit auf die Hauptstraße, über die unser Hinweg ganz bestimmt nicht geführt hat. Egal, wenn ich jetzt umdrehe, hole ich die anderen bestimmt nicht mehr ein. Da fahre ich lieber alleine weiter zu unserem Ferienhäuschen.

Dort erwartet mich Martin bereits im Liegestuhl auf der Terrasse, ein Glas kühlen Saft in der Hand. »Zwölf Minuten Vorsprung!«, bricht es aus seiner stolzgeschwellten Brust hervor, »das ist das gelbe Trikot!«

Ich gönne ihm den Sieg der *Tour de France* und mir ebenfalls einen Saft aus dem Kühlschrank. Jacob spielt auf dem Rasen vor sich hin; Cornelius ist wohl bereits wieder auf eine seiner Solo-Touren durch die Ferienhaus-Siedlung aufgebrochen.

Denke ich.

Doch damit denke ich falsch. Nach wenigen Minuten taucht Martin aus seinem Siegesrausch wieder auf und fragt mich nach Cornelius. Wieso mich? Cornelius war doch bei Martin …

Erst da dämmert uns das eigentlich Unmögliche: Cornelius hat weder Martin eingeholt, noch ich ihn. Wir haben also das zwischen uns beiden radelnde Kind verloren.

Was nun? Auf den fünfzehn Kilometern zwischen Veere und Oostkapelle verlaufen zwei Autostraßen und ein gutes Dutzend reine Radwege. Wo soll man da anfangen zu suchen?

Wir schicken erst mal ein Stoßgebet in Richtung Himmel.

Dann packe ich Jacob ins Auto, um die Hauptstraßen zu kontrollieren und in Veere notfalls der Polizei unser »Missgeschick« zu beichten. Martin schwingt sich aufs Rad und will Cornelius zunächst auf dem Radweg zu suchen, den wir am Morgen genommen hatten.

Wir haben nur ein Handy, also keine Möglichkeit, uns unterwegs gegenseitig auf dem Laufenden zu halten. Aber egal, jetzt müssen wir erst einmal alles versuchen, um Cornelius zu finden.

Ich bin so durcheinander, dass ich erst einmal weiter in die Siedlung hineinfahre und erst nach einer ganzen Weile auf den Hauptweg zurückfinde. Aber bevor ich mich darüber ärgern kann, darf ich feststellen, dass der Umweg mir mehrere Stunden Suche und einen Besuch bei der Polizei erspart hat: Aus Richtung Strand kommen mir zwei Radfahrer entgegen, die mir sehr bekannt vorkommen. Cornelius hatte den gesamten Rückweg also alleine gefunden!

Nach erleichtertem Begrüßungs-Weinen und einem dicken Tröste-Eis beginnt unser Sohn zu erzählen: Er ist einfach dem Radweg gefolgt, solange dort immer wieder Schilder mit »Oostkapelle« auftauchten. Als er sich an einer Kreuzung nicht ganz sicher war, hat er ein paar Spaziergänger gefragt. Einer hat ihn nach rechts geschickt, der zweite nach links, und der dritte hatte keine Ahnung. Also ist Cornelius seinem Gefühl gefolgt, nach dem ihm der rechte Weg der richtige zu sein schien. Immerhin liegt Oostkapelle am Meer, und das Meer musste rechts liegen.

Damit hat Cornelius mehr Orientierungssinn bewiesen als ich. Okay, eigentlich gehört nicht viel dazu, mein Orientierungsvermögen zu übertreffen. Aber dass ausgerechnet ein Kind, das sich in seinem eigenen Schulranzen verlaufen kann, in einer völlig unbekannten Gegend zielsicher den Rückweg ins Ferienhäuschen findet, ist dann doch erstaunlich.

Anscheinend gibt Cornelius' Gehirn sich nicht gerne mit solchen Banalitäten wie einem Hausaufgabenheft im Schulranzen ab. Wenn es den Orientierungssinn einschaltet, dann nur für die wirklichen Herausforderungen.

Knöpfe

November 2008

Ich habe beim Duschen Jacobs Körper akribisch untersucht, besonders seine Finger. Habe aber nichts gefunden. Es muss irgendwo unter der Haut stecken, ganz tief in seinem Körper drinnen, dieses kleine Gerät, das dafür sorgt, dass jeder Knopf, jeder Schalter Jacob unwiderstehlich anzieht. Ist es ein Magnet? Ein geheimer Decoder? Eine Art Wünschelrute? Ich weiß es nicht. Aber es muss solch einen

Mechanismus geben. Denn die Kraft, mit der Jacob von allem, was Schalter, Taste oder Knopf ist, angezogen wird, ist nicht mehr rational zu erklären.

Okay, jeder Dreijährige ist begeistert, wenn er abends seinen Eltern im Wohnzimmer das Licht ausknipst. Dass Jacob auch mit dreizehn Jahren noch Spaß daran hat, werden wir akzeptieren müssen. Genauso wie die Lichtorgeln, die er anwirft, wenn er irgendwo mehrere Lichtschalter nebeneinander entdeckt.

Dass wir mitten im Sommer immer wieder die Heizungen kontrollieren müssen, weil sie öfter einmal mit voller Kraft mit der Sonnenhitze konkurrieren, haben wir inzwischen gelernt. In jedem Kaufhaus müssen wir genau darauf achten, dass unsere Kinder abwechselnd den Aufzugknopf drücken. Sobald eines sich vordrängelt, bricht ein wilder Bruderkrieg aus. Daran haben wir uns aber längst gewöhnt.

Manchmal hat Jacobs Leidenschaft auch Vorteile. Er gibt sich eben nicht mit Gebrauchsanleitungen ab, sondern probiert einfach aus. So hatte er bei seinem neuen Radiowecker Uhr- und Weckzeit eingestellt, bevor ich die deutsche Version der Gebrauchsanleitung gefunden hatte.

Bei unserem neuen Telefon war er nicht so erfolgreich. Seit Jacob es das erste Mal in die Finger bekommen hatte, kommuniziert das Display nur noch auf russisch mit uns. Auch die Gebrauchsanleitung ist da wenig hilfreich. Sie beschreibt zwar – neben zwei Dutzend anderer Sprachen auch auf russisch – wie man die Sprache auswählen kann. Aber kennen Sie den russischen Begriff für »Spracheingabe«? Wir nicht, und so haben wir es bis jetzt nicht geschafft, das passende Untermenü aufzurufen. Vielleicht sollten wir Jacob das Telefon zum Spielen geben, in der Hoffnung, dass er irgendwann die gleiche Tastenkombination wieder erwischt. Wenn wir Glück haben, spricht das Telefon dann wenigstens französisch.

Im Supermarkt steigt der Adrenalinspiegel jeder Mutter automatisch, sobald sie sich mit einem Kind der Kasse nähert. Für die meisten Mütter besteht das Problem darin, ihre Kinder an der Quengelware vorbei zu schleusen, ohne dass der Einkaufswagen gefüllt wird. Jacob interessiert sich nicht für Quengelware. Auf seiner persönlichen Beliebtheitsskala stehen Tasten weit vor Schokolade.

Als er mit sieben Jahren gelernt hatte, Zahlen zu lesen, musste er das ausgerechnet der Kassiererin im Supermarkt beweisen. Mit einer Schnelligkeit, die nicht einmal ich ihm zugetraut hätte, beugte er sich über die Kasse und drückte, stolz wie Oskar, auf die Eins, danach auf die Zwei. Für Jacob ein Erfolgserlebnis. Für die Kassiererin eine Vertastung. Mit gequältem Lächeln wartete sie auf ihre Kollegin, die die Vertastung wieder löschen konnte, während die Schlange hinter uns länger und länger wurde. Das sei doch nicht schlimm, versicherte sie mir. Ich wusste, dass sie log. Denn die wenigsten Filialleiter fragen nach dem Grund einer Vertastung. Sie zählen sie einfach, und nach einer gewissen Anzahl gibt es ein ernstes Gespräch mit der Kassiererin. Ob er ihr glauben wird, dass ein körperlich und geistig behindertes Kind ihr einfach ein paar Zahlen in die Kasse getippt hat?

Jahrelang habe ich danach Jacob bei jeder Annäherung an die Kasse pausenlos im Auge behalten. Habe ihm eingeschärft, dass seine Finger nichts an der Kasse zu suchen haben. Habe ihn hinter den Einkaufswagen gestellt und ihm die Aufgabe gegeben, die Einkäufe in den Wagen zu packen. Das ging ziemlich lange gut. So lange, bis mein Adrenalinspiegel nicht mehr so stark anstieg, meine Aufmerksamkeit ein wenig nachließ.

Auch dafür hat Jacob anscheinend unfehlbare Antennen. Und er hat unglaublich gute Augen für – ja, Sie wissen es schon – Knöpfe, Tasten, Schalter.

Nein, er hat keine Zahlen in die Kasse getippt. Das darf er ja nicht, außerdem kam er nicht dran. Aber mit einem triumphierenden, schelmischen Lachen riss er blitzschnell die Türe zu der kleinen Kabine der Kassiererin auf, bückte sich und drückte auf den einzigen Schalter weit und breit. Die Kasse gab noch einen langsam absterbenden Seufzer von sich, dann wurde das Display schwarz. Jacob hatte ihr den Strom abgeschaltet.

Es dauert etwa drei Minuten, bis der Kassencomputer wieder hochgefahren ist. Wissen Sie, wie lange drei Minuten dauern, wenn

Sie nur beschämt warten können, während alles um Sie herum in hektische Aktivitäten verfällt? Die Kassiererin, die – mangels Strom ohne Mikrofon – eine Kollegin zu Hilfe ruft, damit diese eine neue Kasse aufmacht. Der Filialleiter, der das Desaster erst einmal hilflos anstarrt und dann nach dem Schlüssel für den Kasten kramt, in dem der Computer verstaut ist. Die hinteren Kunden, die möglichst schnell ihre Einkäufe vom Band zurück in den Wagen packen, um sich an der neuen Kasse nicht ganz hinten anstellen zu müssen. Alle mit viel sagenden Blicken auf den Verursacher der Katastrophe und seine Mutter, die offensichtlich ihr Kind nicht im Griff hat.

Ich hätte für künftige Supermarkt-Architekten einen Verbesserungsvorschlag: Jeder Kassengang braucht einen unterirdischen Notausstieg für Mütter, die ihre Kinder für drei Sekunden nicht im Griff haben. Noch gibt es diesen nicht; noch musste ich bleiben, die Blicke aushalten, die geflüsterten: »Wie hat dieses Kind das bloß geschafft?«.

Und dann musste ich auch noch die zwei Drittel meines Einkaufs, die bereits über den Scanner gelaufen waren, zurück aufs Band räumen. Denn die Kasse hatte in ihren drei schwarzen Minuten vergessen, was sie davor registriert hatte. Die Kassiererin lächelte nicht mehr gequält; sie versuchte nur noch, gequält möglichst nichtssagend auszusehen. Meine gestammelten Entschuldigungen änderten daran wenig. Sie veranlassten die Kassiererin lediglich dazu, auf all die Kunden zu verweisen, die durch meinen Sohn so lange aufgehalten wurden.

»Ach, das macht doch nichts. Ich habe Zeit«, warf die Frau ein, die die ganze Zeit über hinter mir und neben ihren Einkäufen auf dem Band ausgeharrt hatte. Dabei lächelte sie mich aufmunternd an.

Erst jetzt bemerkte ich, dass ich sie flüchtig kannte. Und ich wusste sofort, dass sie log. Sie hatte keine Zeit. Aber sie hatte eine behinderte Tochter.

Nachtschienen

Mai 2009

Wie kompliziert unser Körper aufgebaut ist, wie exakt seine verschiedensten Teile zusammenarbeiten müssen, damit alles ganz normal läuft, merkt man in der Regel erst dann, wenn irgendetwas nicht richtig funktioniert.

Anhand von Jacobs Spastik haben wir in dieser Hinsicht schon vieles gelernt: Die Korrektur eines einzelnen Körperteils reicht nicht aus, um sein Gangbild zu verbessern. Wenn man nicht aufpasst, werden dadurch wieder andere Muskeln oder Knochen in Mitleidenschaft gezogen.

Zurzeit merken wir das an Jacobs Füßen. Ließe man sie sich frei entwickeln, so würde Jacob bald nur noch auf dem Ballen der kleinen Zehe laufen, die Fersen angehoben und nach außen gedreht, die Knie zum Ausgleich nach innen gedreht, den Oberkörper nach vorne und die Hüfte nach hinten gekippt.

Als erstes nahmen die Orthopäden bei Jacob die Füße in Angriff. Sie bekamen zunächst Innenschuhe verpasst, die seine Füße in einen 90-Grad-Winkel zum Unterschenkel zwangen. Bald wurden daraus Unterschenkel-Orthesen, um Jacob noch sicherer vor der Entwicklung eines Spitzfußes zu bewahren.

So sehr Orthopäden das gut finden, so wenig lieben Physiotherapeuten diese äußeren Hilfsmittel. Denn in den Orthesen kann Jacob seine Füße nicht bewegen, also auch keine Muskeln aufbauen oder gar das richtige Abrollen des Fußes lernen.

Wir lösen das Dilemma, indem wir Jacob die Orthesen ausziehen, sobald er nachmittags aus der Schule kommt. Dann haben seine Füße noch genügend Frei-Zeit.

Nach mehreren Jahren äußerst geduldigem Orthesen-Tragens und je einer Operation an jedem Bein zur Verlängerung der Wadenmuskulatur entwickelt sich allerdings eine Nebenwirkung: Um Spannung aus den Wadenmuskeln zu nehmen, streckt Jacob seine Knie nicht ganz durch. Dadurch verkürzen sich die hinteren Muskeln der Oberschenkel. Um dem entgegen zu wirken, hat der

Orthopäde nun Nachtlagerungsschienen verschrieben. Das sind fast hüfthohe Schalen, in denen die Beine für mehrere Stunden pro Nacht völlig gestreckt liegen müssen. Die Füße stehen wieder im 90-Grad-Winkel zu den Beinen. Zusätzlich sorgt ein Spreizstab zwischen den Füßen dafür, dass auch die Muskeln an der Innenseite der Oberschenkel gedehnt werden.

Versuchen Sie einmal, sich in dieser Lage auf Ihr Bett zu legen. Und stellen sich dabei vor, dass Sie normalerweise mit angezogenen Beinen auf der Seite schlafen. Ich könnte in Jacobs Nachtlagerungsschienen jedenfalls keine fünf Minuten schlafen, selbst nach tagelangem Schlafentzug nicht. Dementsprechend machte ich mir ziemliche Sorgen, wie unser Sohn diese neuen orthopädischen Hilfsmittel ertragen würde.

Eigentlich hätte ich es besser wissen und mir keine Gedanken machen müssen. Jacob ist von allem Neuen begeistert und geht furchtlos darauf zu. So wie auf seine zweite orthopädische Operation: Da ist er, seine Stöcke schwenkend, selbstsicher auf die neuroorthopädische Kinderstation marschiert, hat mit der Faust an die Scheibe des Schwesternzimmers geschlagen und verkündet: »Jacob Zinkernagel, ich will hier operiert werden. Wo ist mein Bett?«

Ähnlich unbefangen hat er sich auf seine Nachtlagerungsschienen gefreut und konnte kaum den Tag abwarten, an dem wir sie beim Orthopädietechniker abholen konnten. Wie glücklich war er, als er das erste Mal darin schlafen durfte! Und wie stolz war er am nächsten Morgen darauf, dass er seine Schienen nicht nach den vorgeschriebenen sechs Stunden ausgezogen, sondern sie fast neun Stunden getragen hat.

Auch wenn die Schienen immer wieder einmal irgendwo drücken und rote Flecken an den Beinen hinterlassen, trägt Jacob sie weiterhin nicht nur klaglos, sondern geradezu freudig. Unser einziges Problem liegt im nächtlichen Toilettengang: Der ist unmöglich, solange Jacobs Beine beschient sind. So muss unser Sohn, obwohl er schon seit Jahren nachts trocken ist, nun wieder Windeln tragen. Was mich beim morgendlichen Wickeln wesentlich mehr stört als ihn selbst.

Nun ist Jacob auf Klassenfahrt gefahren. Ohne Nachtlagerungsschienen. Wir wollten den Lehrern nicht zumuten, neben zwei schwerst mehrfach behinderten Jugendlichen auch noch Jacob nachts wickeln zu müssen. Und die beiden Kleinbusse waren ohnehin schon voll genug gestopft mit Rollstühlen, Spezialsitz, Nachtkorsett und Sondennahrung. Da hätten Jacobs Nachtlagerungsschienen einfach keinen Platz mehr gehabt.

Zum Glück ist uns dieses Argument rechtzeitig eingefallen. Denn wir mussten all unsere Überredungskunst aufwenden, bis Jacob endlich einwilligte, seine Schienen zu Hause zu lassen. So gerne hätte er doch allen Klassenkameraden und Lehrern vorgeführt, wie er darin schläft. Darauf zu verzichten, stellt für unseren Sohn ein echtes, großes Opfer dar.

Die Mutter von Jacobs Klassenkamerad Nicolas hat ihren Sohn ebenfalls ohne dessen orthopädisches Hilfsmittel fahren lassen. Ebenfalls aus Rücksicht auf die Lehrer. Sie wollte ihnen ersparen, jeden Abend eine halbe Stunde Kampf durchzustehen, bevor Nicolas sich sein Nachtkorsett anlegen lässt. Ein Korsett, das nur die Wirbelsäule stabilisiert und seinem Träger ansonsten volle Bewegungsfreiheit lässt. Argumente, weshalb das Korsett zu Hause bleiben sollte, hat sie nicht gebraucht.

Das kurze Gespräch mit Nicolas' Mutter hat mir wieder einmal vor Augen geführt, was ich an Jacob habe.

Wenn sich irgendwann jemand wieder einmal über Jacobs lautes Dauerreden, seine überfallartigen Umarmungen, sein Einmischen in die Gespräche von wildfremden Leuten, seine Spucke-Schmierereien oder eine andere seiner Eigenheiten beschweren sollte, weiß ich, was ich tun werde: Ich werde diese Person in Jacobs Zimmer führen und ihr die Nachtlagerungsschienen unter die Nase halten. Und ihr dann ein altes indianisches Sprichwort in leicht abgewandelter Form mitgeben: »Urteile niemals über einen Menschen, bevor du einen halben Mond lang in seinen Nachtlagerungsschienen geschlafen hast.«

Es kann gut sein, dass die erste Person, mit der ich das mache, ich selber bin.

Offener Brief an Gott 4

März 2009

Bisher war ich davon überzeugt, dass meine Briefe an dich eigentlich Gebete seien: Ich schütte dir ungeschminkt mein Herz aus. Ich sage dir, wie es mir geht – obwohl du das doch sowieso alles schon weißt. Mache ich das dann eigentlich mehr für mich als für dich? Helfen solche Gebete weniger dir als vielmehr mir, indem ich meine oft so wirren Gedankenfetzen in klare Worte fassen und in einen halbwegs vernünftigen Gedankengang bündeln muss?

Ist es überhaupt bereits »Gebet«, wenn ich dir meine Klagen und Bitten vor die Füße werfe? Klar, manchmal kann ich nicht anders, und dann ist das auch für dich sicher okay so.

Aber eigentlich sollte Gebet doch mehr sein. Wie oft habe ich gehört oder selbst gesagt, dass Beten die Beziehungspflege zu dir ist. Das hört sich gut an, das klingt richtig fromm – aber wie sieht diese Beziehungspflege eigentlich in der Praxis aus? Keine menschliche Beziehung hält auch nur drei Wochen, wenn immer nur der eine redet. Selbst wenn dieser eine mehr lobt als meckert, mehr dankt als bittet, dann fehlt doch das Reden des anderen. Und das Zuhören des einen.

Wann redest du mit mir? Deine Stimme direkt hören können wohl nur sehr wenige Menschen, oder nur in ganz speziellen Situationen. Irgendwie wäre es viel einfacher, wenn man dein Reden anschalten könnte wie das Radio. Oder redest du doch, und es liegen einfach zu viele Funkstörungen zwischen dir und mir? Oder mache ich so viel eigenen Krach, dass ich deine Stimme einfach nicht mehr aus all den anderen Gedanken in meinem Kopf herausfiltern kann?

Nun ja, manchmal redest du indirekt, aber deutlich. Durch Bibeltexte, Bücher, andere Menschen, Umstände, Eingebungen. So wie gerade eben, als beim Frühstück irgendwie das Wort »Gottverlassenheit« gefallen ist. Und Cornelius, mit all seiner Liebe zu Wortspielen, fragt nach: »Bedeutet das, dass man sich auf Gott verlässt?«

So nervig seine ständigen Begriffs-Umdeutungen sonst sind, diese lässt mich seither nicht mehr los.

Wenn ich mich von dir verlassen fühle, dann liegt das wohl oft daran, dass ich das Beten unbewusst als eine Art Wunschautomat ansehe: Oben Gebet rein, unten Erfüllung raus. Wenn der Apparat klemmt, muss man halt ein paar Mal mit aller Kraft dagegen treten. Fällt dann unten immer noch nicht das Gewünschte raus, diagnostiziert man dem Automaten einen Totalschaden und geht wütend weiter.

Wie vielen Jahrgängen von Konfirmanden hat Martin eigentlich schon versucht, klarzumachen, dass du eben kein Automat bist? Wie oft habe ich das schon gehört und abgenickt? Aber die Vorstellung scheint sowohl verführerisch als auch hartnäckig zu sein; und ich rutsche immer wieder hinein. Inklusive des Gefühls der Gottverlassenheit, das sich danach einstellt.

Die andere Vorstellung von Gebet ist wirklich schwieriger: Die Gott-Verlassenheit, in der ich mich einfach dir überlasse. In der ich mich darauf verlasse, dass ich auch in den tiefsten Krisen meines Lebens nicht ins Bodenlose falle, sondern in deine Hände. Und dann sage: Das zu wissen, genügt mir.

Das wäre eine Art Gebet, in der meine eigenen Klagen und Wünsche immer weniger wichtig werden und du als Person immer wichtiger. Wo meine Vor-Stellungen davon, wie mein Leben sein müsste, sich nicht mehr vor dich stellen und mir den Blick auf dich verbauen. Dann brauchen sich meine Lebensumstände gar nicht mehr zu verändern. Dann bin ich es, die – nein, nicht: die sich verändern muss. Sondern: die durch dich verändert wird. Langsam, aber zielgerichtet. Indem ich mich an dir ausrichte, Gott-Verlassenheit in Cornelius' Sinn einübe, gebe ich dir erst die Möglichkeit, mein Leben zu ändern. Nicht, indem du alles Belastende wegnimmst. Sondern indem du mir die innere Kraft gibst, meine Lebensumstände auszuhalten, zu akzeptieren. In dem Wissen, dass es immer noch etwas gibt, das mitten in allen Krisen da ist und hält, das über mein Leben hinausweist, das besser ist als alles Gute im Leben: nämlich du.

War das jetzt ein »richtiges« Gebet? Ich weiß es nicht. Jedenfalls hat es gut getan, diese Gedankenfetzen einmal in Worte zu fassen.

Also sag ich jetzt einfach mal: »Amen.«

Inklusion

November 2009

Sie denken, integrativer Unterricht mit Behinderten an Regelschulen sei fortschrittlich?

Dann irren Sie sich. Integration ist out, das neue Schlagwort heißt Inklusion.

Über den Unterschied zwischen Integration und Inklusion haben Dutzende Wissenschaftler theoretische Werke verfasst, Reden gehalten, Definitionen entworfen. Alles so mit griechischen, lateinischen, englischen oder meinetwegen auch turkmenischen Fachausdrücken gespickt, dass kein Normalsterblicher mehr wirklich durchblickt.

Für mich ergibt sich im Groben und Ganzen ein wesentlicher Unterschied: Bei Integration wird versucht, *möglichst* alles gemeinsam zu machen.

Bei Inklusion wird versucht, möglichst *alles* gemeinsam zu machen.

Die Europäische Union rät, inklusiven Unterricht für behinderte Schüler anzustreben. Brandenburg will ein fortschrittliches Land sein, und so werden hier derzeit alle Förderschulen für Lernbehinderte geschlossen und die Schüler auf ihre örtlichen Schulen verteilt.

Auf der entsprechenden Seite im Internet wird lang und breit dargelegt, welche Vorteile der gemeinsame Unterricht bietet: Kleinere Klassen, individuelle Förderung, wohnortnahe Beschulung für die Behinderten und Einüben des Umgangs mit diesen für die Regelschüler. Ein zusätzlicher Förderlehrer für jeweils ein bis drei Klassen soll das alles gewährleisten.

Ein guter Freund von uns unterrichtet seit Jahren an einer christlichen inklusiven Privatschule in Bochum. Als Sonderpädagoge ist er für die drei bis fünf Förderschüler seiner Klasse zuständig. Den gemeinsamen Teil des Unterrichts gestaltet er zusammen mit seiner Kollegin. Auch wenn manche Förderschüler nur schwer integrierbar sind und manche Regelschüler nicht bereit sind, auf die behinderten Klassenkameraden zuzugehen, macht seine Schule insgesamt gute Erfahrungen mit diesem Modell.

Cornelius ist im vierten Schulhalbjahr, als wir von Sachsen nach Brandenburg ziehen. Die zuständige Förderschule wird in wenigen Monaten schließen, und so kommt für unseren Jüngsten nur der inklusive Unterricht an der Wiesenburger Grundschule in Frage.

Nun hat Cornelius bisher stets zu den Klassenbesten gehört; in Deutsch hatte er als Erstklässler bereits die Lesebücher für die vierte Klasse verschlungen. Hier würde er nun also die Gelegenheit haben, am ganz normalen Grundschul-Unterricht teilzunehmen, soweit er ihm folgen kann.

Nachdem unserem Sechsjährigen noch die Förderschule für geistig Behinderte empfohlen worden war, würde er nun als Zehnjähriger die Regelschule besuchen.

Was für ein Aufstieg! Was für eine Chance! Wir waren glücklich und voller Tatendrang: Inklusive Grundschule, wir kommen!

An inklusiven Schulen kann man auch als Eltern vieles lernen.

Unsere Lektion Nummer eins lautete: Papier ist geduldig, das Internet ebenfalls.

Besonders, wenn in einer Fußnote unter all den schönen Darstellungen von integrativem Unterricht steht, dass natürlich kein Rechtsanspruch auf die Umsetzung dieser schönen Pläne besteht, wenn personelle Engpässe auftreten.

Ich hege den Verdacht, dass diese Ausnahmesituation von vorne herein eingeplant ist.

Die Praxis bei Cornelius sieht so aus, dass eine einzige Förderlehrerin mit einer dreiviertel Stelle für alle förderbedürftigen Schüler von der dritten bis zur sechsten Klasse zuständig ist. Pro Woche hat sie, selbst wenn sie leistungsähnliche Schüler gemeinsam unterrichtet, zwei bis drei Stunden Zeit für die hoch gepriesene »individuelle Förderung«.

Ansonsten sitzen die Inklusions-Schüler im normalen Unterricht. Wenn sie dem nicht mehr folgen können, sollen sie Arbeitsblätter aus dem Förderunterricht bearbeiten. Cornelius ist vielleicht der erste Inklusiv-Schüler, der selbstständig und lernbegierig genug ist, um das auch zu tun. Prompt wird er von der Biologielehrerin angeraunzt, dass er seine Zettel wegpacken und aufpassen solle.

Cornelius' Klassenlehrerin hat, bevor sie die ersten Inklusiv-Schüler bekam, eine Fortbildung mitgemacht. Dort hat sie alles Nötige erfahren – über die Statistik, die sie dazu führen muss. Von unterschiedlichen Formen einer Lernbehinderung, von Hilfsmitteln für motorisch eingeschränkte Kinder, von den Möglichkeiten, bei den Regelschülern Verständnis für die Probleme der Förderschüler zu wecken, hat sie nichts erfahren. Das muss sie sich selbst ausdenken, im Internet recherchieren oder sich von den Eltern erläutern lassen. Neben dem normalen Unterrichtspensum, versteht sich.

Die Lehrkräfte an Cornelius' Schule geben sich wirklich große Mühe, aber abendliche Internet-Recherchen können eben kein volles Studium ersetzen.

Am schwierigsten gestaltet sich für Cornelius der Umgang mit seinen neuen Mitschülern. Laut Konzept des inklusiven Unterrichts werden die Nicht-Behinderten lernen, rücksichtsvoll und dennoch auf Augenhöhe mit Behinderten umzugehen.

Leider hat anscheinend bei der Erarbeitung dieses hehren Ziels niemand gefragt, ob Cornelius' neue Klassenkameraden das leisten können oder auch nur wollen.

Liebend gerne hätte Cornelius in den Pausen mit den anderen Fußball gespielt. Aber wer bereits einen Lehrgang im Nachwuchscamp des DFB absolviert hat, ist natürlich nicht besonders glücklich über einen Mitspieler, bei dem der Ball häufiger über dem Zaun als im Tor landet.

So steht unser Sohn häufig bei den Mädchen, die ihn anfangs bemuttert und unter ihre Fittiche genommen hatten. Aber spätestens mit zwölf Jahren haben Mädchen eben Gesprächsthemen, bei denen ein männlicher Zuhörer, und sei er noch so arglos, stört.

Noch schlimmer als das Weggeschickt-Werden sind für unseren hochsensiblen Jungen die kleinen Nadelstiche, mit denen ihn andere Schüler regelmäßig ärgern. Da werden ihm Worte wie »Behindikus« an den Kopf geworfen, da rempelt ihn jemand im Vorbeigehen einfach um. Oder jemand flüstert ihm kurz: »Die Katharina ist tot« zu, und alle Umstehenden amüsieren sich köstlich darüber, wie Cornelius daraufhin schlagartig erstarrt und, keuchend bis an die Grenze zur Hyperventilation, schrille Panikschreie ausstößt. Manchmal erbarmt sich ein Schüler und holt einen Lehrer zu Hilfe. Aber bis der kommt, weiß plötzlich keiner mehr, was eigentlich passiert ist.

Vielleicht kam Cornelius zu spät in die neue Schule; vielleicht ist er geistig und emotional nicht reif genug für Freundschaften mit Gleichaltrigen. Jedenfalls wird er hier garantiert keine Freunde mehr finden.

Der hellste Lichtblick ist seine Förderlehrerin. Die beiden haben sich sofort gegenseitig ins Herz geschlossen. Wenn Frau D. Pausenaufsicht hat, weicht Cornelius nicht von ihrer Seite. In den Förderstunden schüttet er ihr erst einmal sein Herz darüber aus, was er wieder an Zeichen der Ablehnung erfahren hat. Frau D. nutzt die Stunden mit Cornelius hauptsächlich dafür, sein emotionales Gleichgewicht wieder einigermaßen herzustellen.

Wenn sie denn da ist. Nach einem halben Jahr stürzt sie unglücklich und bricht sich den Knöchel. Förderunterricht findet keiner mehr statt. Sowohl die Lehrer als auch wir Eltern spüren die Folgen: Cornelius wird zunehmend unausgeglichener und aggressiver. Wenn er sich mitten im Unterricht an eine Kränkung erinnert, schlägt er aus heiterem Himmel wild um sich – und erwischt dabei natürlich die völlig Falschen. Täglich erscheint er niedergeschlagen zu Hause und berichtet mir, wer ihn wieder einmal schief angeschaut hat. Von der Eins in Mathe, die er an diesem Tag ebenfalls mitbringt, erzählt er nichts.

Nach Weihnachten ist Frau D. zum Glück wieder einsatzfähig. Ihren Schülern zuliebe kommt sie trotz einer schweren Erkältung weiter zum Unterricht – und zieht sich eine heftige Lungenentzündung zu, die sie bis zum Ende des Schuljahres arbeitsunfähig macht.

Die Rektorin bemüht sich, den Förderunterricht trotzdem aufrecht zu erhalten. Ein Lehrer hat bereits Erfahrungen an einer Förderschule gesammelt und übernimmt die neue Aufgabe zusätzlich. Einige Wochen klappt das sehr gut. Dann kommt endlich der Bescheid vom Schulamt: Für die zusätzlichen Unterrichtsstunden kann sein Lehrauftrag nicht um eine viertel Stelle aufgestockt werden; das steht der Schule nicht zu. Er könne das ja ehrenamtlich machen. Alle betroffenen Eltern und Schüler haben volles Verständnis dafür, dass er diesen Rat des Schulamtes nicht befolgt.

Die Förderung für die Inklusionsschüler besteht nun nur noch darin, dass sie in allen Klassenarbeiten um eine Note besser bewertet werden. Was den Neid der Mitschüler eher voranbringt als den Wissensstand der Förderschüler.

Ich schreibe in Absprache mit der Rektorin einen Beschwerdebrief ans Schulamt. Wenn man schon die Förderschulen schließe, müsse man doch wenigstens die zwei Stunden Extra-Unterricht für die Schüler mit Förderbedarf wirklich sicherstellen.

Ich erhalte nie eine Antwort. Stattdessen schickt das Schulamt eine Kopie meines Briefes an die Schule mitsamt der Aufforderung, im Gespräch mit mir eine Lösung herbeizuführen.

Während Cornelius weniger lernen kann als vorgesehen, habe wenigstens ich etwas gelernt: Ein neues Schlagwort einführen, Schulen schließen und hehre Grundsätze ins Internet stellen ist einfach, spart Geld und geht schnell. Die guten Ideen umzusetzen, würde Interesse daran voraussetzen, Engagement fordern und etwas Geld kosten. Das ist offensichtlich bereits zu viel verlangt.

A propos Geld: Die Förderschule für körperlich und geistig Behinderte, die Jacob besucht, ist die weitaus kostenintensivste Schulart. Die dortige Rektorin kann anhand ihrer Schülerzahlen belegen, dass seit der Einführung des inklusiven Unterrichts mehr zunächst als lernbehindert eingestufte Jugendliche auf ihre Schule wechseln als früher.

Warum nur wundert mich das nicht?

Und was Cornelius' schulische Zukunft betrifft: Auf weitere Experimente in Sachen Inklusion verzichten wir dankend. Zum Glück hat unser Sohn auch körperliche Einschränkungen, aufgrund derer er an einer Förderschule mit den Schwerpunkten Lernen und motorische Entwicklung aufgenommen wird. Jede Fahrt dorthin dauert mindestens eine Stunde; glücklicherweise stellt der Landkreis den Transport. Aufgrund ihrer speziellen Ausrichtung kann diese Schule hoffentlich noch bis zu Cornelius' Abschluss bestehen bleiben.

Allen nachfolgenden Generationen von Schülern mit Förderbedarf kann ich nur *Homeschooling* oder einen Umzug nach Bochum empfehlen.

Lesen durch Schreiben

Januar 2010

Es gibt Kinder, die sich das Lesen ganz alleine beibringen. Mein großer Bruder hat das geschafft, obwohl unsere Mutter sich fest vorgenommen hatte, der Schule in dieser Hinsicht nicht vorzugreifen. Aber für Peter war es einfach nur logisch, dass die Schlangenlinien an der Esso-Tankstelle und an der Siemens-Waschmaschine nichts anderes sein konnten als ein S. Auf diese Weise hat er sich als Fünfjähriger das gesamte Alphabet erschlossen. Als er in die Schule kam, konnte er schon ziemlich gut lesen, indem er einfach Buchstabe für Buchstabe entzifferte. Sich selbst das Lesen beizubringen, war nur eine der Vorzeige-Leistungen eines hochbegabten Kindes.

Jacob ist alles andere als hochbegabt. Er benötigte mehrere Jahre, um sämtliche Buchstaben zu lernen. Bis heute schreibt er ausschließlich in Druckschrift, weil er die Schreibschrift nie gelernt hat. Eine Schriftart war für ihn schon kompliziert genug.

Aber dann hat er doch noch seinem Onkel nachgeeifert, indem er sich das Lesen selbst beigebracht hat. Auch noch mit einer Methode, die erst in den letzten Jahren entwickelt wurde und nun von einigen besonders fortschrittlichen und engagierten Lehrern mit gutem Erfolg getestet wird. Dieses Prinzip lautet »Lesen durch Schreiben«.

So seltsam das beim ersten Hören klingt; es funktioniert tatsächlich. Die Schüler schreiben erst einmal nach Gehör, und allmählich korrigieren die Lehrer die »Unaose« in »Schlüpfer«. Diese Methode hat den Vorteil, dass die Kinder schnell mehr schreiben können als so lebensfremde Sätze wie: »Das ist Peter. Peter. Peter«, wie sie mein Lehrbuch einst enthielt. Die Rechtschreibung ist zwar anfangs eine einzige Katastrophe, aber in der Regel nicht so lange, dass die Kinder sich daran gewöhnen würden.

Genau diese Errungenschaft der modernen Pädagogik hat Jacob sich ganz alleine erarbeitet. Alle vorangegangenen Versuche von Lehrern und mir, ihn über das Buchstabieren zum Erkennen ganzer Wörter zu führen, sind kläglich gescheitert. Buchstabieren war Jacob wohl zu anstrengend; da verlegte er sich lieber aufs Raten. Jedes »Meerschweinchen« mutierte zu »Martin« und jeder »Schuhkarton« zur »Schule«, einfach aufgrund des gleichen Anfangsbuchstabens. Ganze Texte lesen kann man auf diese Weise natürlich nicht. So fanden wir uns irgendwann mit der Erkenntnis ab, dass unser Ältester wohl Analphabet bleiben würde.

So lange, bis Jacob vernünftig genug ist, um erste Lernspiele an meinem Laptop zu machen. Ganz nebenher entdeckt er dabei weitere Fähigkeiten eines Computers: Er wechselt ins Schreibprogramm, erstellt neue Dateien und beginnt zu schreiben. Anfangs einfach nur die Namen aller Familienmitglieder: Mapim, Gabime, Jacob, Coneiuf, Lili, Beti, Wusel, Hobel. Lilly und Betty sind übrigens unsere Katzen, Wuschel und Hoppel die Zwergkaninchen.

Bald werden daraus kurze Sätze, die man mit etwas gutem Willen sogar als Tagebuch bezeichnen kann: »jes kom Matin«, »Jacob scheit am kom pjute«. Korrekturen verbittet Jacob sich energisch. Nur seine Fragen dürfen wir beantworten.

»Wird Kaninchen groß geschrieben?«

»Ja.«

Daraufhin tippt Jacob »GANICHE« ins Laptop. Komplett groß geschrieben, so wie ich es gesagt habe. Beim nächsten Mal werde ich mich genauer ausdrücken.

Irgendwann gehen Jacob die Ideen aus, was er so alles schreiben könnte. Da greift er, der sich bisher nie für Bücher interessiert hat, zu einem alten Kinderbuch, um es abzutippen. Den Inhalt liest und erfasst er während des Schreibens. Und eignet sich ganz nebenbei erste Grundkenntnisse der Rechtschreibung an. In ganz friedlichen Momenten darf nun Cornelius sogar vorsichtig Korrekturen vornehmen. Was Lehrer und Eltern nicht geschafft haben, bringt der kleine Bruder fertig.

Martin und ich staunen nicht nur, mit wie viel Ausdauer Jacob Texte abtippt oder sein alltägliches Erleben niederschreibt. Wir beginnen zu ahnen, dass Jacob durch das immer korrektere Schreiben eigentlich auch lesen lernen müsste. Seine Lehrerin bestätigt: Ja, Jacob kann lesen. Nur lässt er sich nichts davon anmerken.

Manchmal liest Jacob aus Versehen auf Autofahrten die Ortsschilder laut vor, oder im Supermarkt die Margarine-Marken. Aber allen unseren Versuchen, ihn einen Text lesen zu lassen, verweigert sich unser Sohn hartnäckig. Sogar dann noch, als seine Lehrerin ihm das Lesen als Hausaufgabe gibt oder die Oma ihn bittet, ihr sein letztes aus der Schule mitgebrachtes Arbeitsblatt vorzulesen.

Seine Gründe dafür behält Jacob für sich. Er, der sonst so stolz und glücklich ist über jedes Lob, will auf diesem doch so wichtigen Gebiet statt eines Lobes nur seine Ruhe.

Uns bleibt somit nur das theoretische Wissen darum, dass Jacob sich vom Analphabeten zum Alphabeten entwickelt hat. Und das praktische Wissen, dass er sich sehr konstruktiv beschäftigt, wenn er vor seinem Laptop sitzt. Er schreibt, er schreibt ab, und er bestätigt die moderne Pädagogik: Lesen lernt man durch Schreiben.

Und wenn?

Februar 2010

Um Jacobs Zukunft brauche ich mir eigentlich keine Sorgen zu machen. Ein Anruf bei Roland Emmerich müsste genügen, um unseren Sohn statt in einer Behinderten-Werkstatt in Hollywoods Filmstudios unterzubringen. Mit Jacob an seiner Seite gingen keinem Drehbuchautor die Ideen für neue Katastrophen-Szenarien aus. Mitten aus seinem Alltagsleben zieht Jacob unermüdlich neuen Filmstoff, der einen schon beim Zuhören erschauern lässt.

Ich müsste Jacob nur helfen, unterschiedliche Anfänge für die von ihm entworfenen Filme zu finden. Bis jetzt beginnen alle seine Katastrophen-Szenarien mit den immer gleichen Worten: Und wenn.

»Und wenn unser Auto mitten auf der Autobahn ausspringt?«

Dann würden etwa drei Dutzend nachfolgende Fahrzeuge auf uns auffahren; es entstünde ein kilometerlanger Stau, in dem die Rettungsfahrzeuge steckenbleiben würden.

Okay, kein Stoff für einen Blockbuster. Aber immerhin für eine Folge der Autobahn-Cops oder der Rettungsflieger.

Aber Jacob treibt es gerne weiter: »Und wenn dein Auto nicht anspringt?« – »Dann nehme ich Papas Auto.« – »Und wenn das auch nicht anspringt?« – »Dann rufe ich den Abschleppwagen.« – »Und wenn der Abschleppwagen auch nicht anspringt?« – »Dann nimmt die Werkstatt ihren anderen Abschleppwagen.« – »Und wenn der auch nicht anspringt?« – »Dann brauche ich einen Mietwagen.« – »Und wenn der Mietwagen auch nicht anspringt?« – »Jacob! Es gibt auf dieser Welt mindestens eine Milliarde Autos! Irgendeines von denen wird schon anspringen, und das nehme ich dann.« – »Und wenn auf der ganzen Welt überhaupt kein Auto mehr anspringt?«

Ja, was dann? Innerhalb von zwei Tagen wären die Supermärkte in den Großstädten leer. Innerhalb von zwei Wochen würde dort Hungersnot herrschen und der Müll sich in den Straßen zu Seuchen erregenden Bergen aufstapeln. Menschen würden sterben, weil kein Rettungswagen sie mehr abholt. Banditen könnten ungestört ihr Unwesen treiben, ohne Angst, bei einer Ringfahndung der Polizei erwischt zu werden. Zwei Drittel der Arbeitnehmer hätten keine Chance mehr, ihren Arbeitsplatz zu erreichen. Die Fabriken müssten sowieso ihre Produktion einstellen, weil sie keine Rohstoffe mehr bekommen und ihre Produkte nicht mehr zu den Händlern transportieren könnten.

Das perfekte Chaos.

Jetzt müsste Roland Emmerich die Story weiterspinnen: Irgendwo auf der Welt, vielleicht in den Straßenschluchten von Chicago, ist das letzte fahrende Vehikel unterwegs. Nur solange es weiter fährt, können die Wissenschaftler vielleicht herausfinden, was alle anderen Autos zum Stillstand gebracht hat. Der Held sitzt also am Steuer und weiß, dass das Zeitalter der Automobile endgültig zu Ende ist, sobald er einschläft, den Motor abwürgt, einen Unfall baut oder sein Benzin verbraucht hat. Natürlich scheitern alle Versuche, das Fahrzeug im Leerlauf zu betanken, regelmäßig so lange, bis der letzte Tropfen Benzin einsam im Tank umherschwappt.

Lassen wir diesen letzten Autofahrer der Erde ganz zufällig einen Bankräuber sein, der gerade seine Beute in Sicherheit bringen will. Stattdessen lässt er sich erst einmal von einer jungen hübschen Frau dazu erweichen, sie mit ihrem todkranken Kind in die nächste Klinik zu fahren.

Um das Ende nicht zu einfach zu machen, lassen wir jetzt neben den Wissenschaftlern noch sowohl die Polizei, als auch die misstrauischen Kumpanen des Bankräubers als auch den eifersüchtigen Freund der jungen Frau die drei jagen. Alle natürlich zu Fuß. Oder per Fahrrad, per Pferd, per Kinderdreirad, per Kuh, per rollendem Baumstamm.

Eine universale Katastrophe, noch nie da gewesene Verfolgungsszenen, gewürzt mit ein paar Schießereien und dem finalen Kuss zum Happy End – schon ist alles beisammen, was ein Blockbuster braucht. Wie wäre es, Herr Emmerich?

Ich kann Ihnen nur leider gerade nicht persönlich schreiben, Ich muss mich um meinen Sohn kümmern. Der steht nämlich neben mir und löchert mich mit Fragen, die ganz dringend einer Antwort bedürfen. Vielleicht ist ja auch für Sie noch etwas dabei.

»Und wenn alle Schulen ein ganzes Jahr lang ausfallen?« Vorabend-Serie. Könnte auch zur Soap-Opera ausgebaut werden.

»Und wenn plötzlich das Telefon klingelt, und Frau Holle ist dran?« Märchenfilm.

»Und wenn es bunte Spaghetti regnet?« Kindersendung.

»Und wenn der Opa anruft und sagt: ›Wir sind alle tot‹?« Drama. Oder Krimi. Nur nicht geeignet fürs Vorabendprogramm.

»Und wenn plötzlich die Urururururuoma vor der Tür steht?« Schulfernsehen, Fachgebiet Geschichte.

»Und wenn es 25 Uhr ist?« Fantasy.

»Und wenn wir bei der Klassenfahrt auf den Mond fliegen?« Science fiction.

»Und wenn ein Krokodil hier hereinkommt?« Tierfilm.

»Und wenn das Krokodil uns alle auffressen will?« Ach nein, doch eher Horror.

»Und wenn hunderttausend Vulkane ausbrechen?« Da hätten wir den nächsten Katastrophenfilm.

»Und wenn die Sonne nie wieder aufgeht?« Nein, bitte nicht noch einer!

Da stelle lieber ich mal eine Frage: »Und wenn du aufhörst, Wenn-Fragen zu stellen?«

Darauf weiß Jacob keine Antwort. Ich auch nicht.

Das wäre nun wirklich vollkommen unvorstellbar.

Zoff im Hinterstübchen

April 2010

Ich weiß nicht, wann, wie und warum die drei gekommen sind. Hereingebeten habe ich sie jedenfalls nicht; zumindest nicht bewusst. Vielleicht sitzen sie schon immer da, und machen sich nur in den letzten fünfzehn Jahren deutlicher bemerkbar. Vielleicht hat sich erst einer hereingeschlichen und dann seinen Kumpanen von innen die Tür geöffnet. Das alles entzieht sich meiner Kenntnis.

Ich weiß nur, dass sie sich irgendwo zwischen den kleinen grauen Zellen in meinem Kopf ein gemütliches Hinterstübchen eingerichtet haben.

Von dort aus beobachten sie mein Leben. Sie sehen mit meinen Augen, hören mit meinen Ohren, lesen meine Gedanken. Aber dann denken sie völlig eigenständig weiter, und diese ihre Gedankengänge behalten sie leider nicht für sich.

Ich mag die drei nicht, und noch weniger mag ich ihre Kommentare. Aber ich fürchte, ich werde sie nicht so schnell wieder los. Sie fühlen sich einfach zu wohl bei mir. Deshalb werde ich sie wohl bis an mein Lebensende in ihrem okkupierten Hinterstübchen dulden müssen.

Mir bleibt nur eines übrig: ihnen möglichst wenig Aufmerksamkeit schenken.

Aber ihre Stimmen können so laut werden, dass man sie unmöglich überhören kann. Dann muss ich versuchen, ihre Sicht der Dinge zu widerlegen und sie auf diese Weise zum Schweigen zu bringen. Glücklicherweise muss ich diese Diskussionen nicht alleine führen; ein paar tüchtige Helfer stehen mir zur Seite.

Um Ihnen zu verdeutlichen, wie solch ein Streit in meinem besetzten Hinterstübchen ablaufen kann, nehme ich Sie am besten mit in das Wohnheim für behinderte Jugendliche, wo ich eine Art Gruppenstunde zu Ostern abhalte. Der erste Teil mit Liedern und einer Erzählung mit Hilfe von Wolli, der Schaf-Handpuppe, ist ganz gut gelaufen. Fast alle Jugendlichen haben aufgemerkt, als Wolli mit ihnen gekuschelt hat. So haben sie auch die Zusicherungen: »Jesus lebt und ist immer bei dir«, oder: »Jesus hat dich ganz doll lieb«, gehört. Wie weit sie die Botschaft begriffen haben, weiß Gott alleine.

Jetzt sitzen wir um den Tisch und essen Kekse. Robert hat sich Wolli genommen und drückt sie zärtlich an sich. Hinter mir brummt das Beatmungsgerät von Marie. Den Platz rechts von mir hat Lea erobert und versucht nun immer wieder, mich zu umarmen. Ich versuche, meine Tasse heißen Kaffees trotzdem unfallfrei an den Mund zu bekommen. Zu meiner Linken sitzt Luis im Rollstuhl. Er wippt mit dem Oberkörper vor und zurück, lässt dabei leise Klagelaute hören. Die Kekse, die ihm der Erzieher unter die Nase hält, schiebt er unwillig weg. Luis war auch der einzige, der von Wolli keine Notiz genommen hat.

Ich habe die Kaffeetasse zurück auf den Tisch gestellt, halte Lea im Arm und lasse meinen Blick über die Tischrunde gleiten. Da meldet sich Frau Pessima aus dem Hinterstübchen in meinem Kopf zu Wort.

»Was soll aus all diesen Kindern bloß werden?«, seufzt sie vor sich hin.

Ihre Worte sind genau die richtige Vorlage für Herrn Zynik. Genüsslich lehnt er sich zurück. »Was für eine Frage! Die Antwort gebe ich Ihnen mit einem Wort: Nichts.«

Herr Resignatio pflichtet ihm so trübsinnig bei, dass Herr Zynik noch weiter ausholt: »Mein Lieber, das hat auch Vorteile. Die Eltern dieser Kinder brauchen sich wenigstens nicht ihren Kopf um deren

Berufswahl zerbrechen. Und mit absoluter Sicherheit kann ich vorhersagen, dass in dieser Runde kein künftiger Drogenhändler, Waffenschieber oder Zuhälter Kakao trinkt. Das ist doch schon ein gewisser Trost.«

Frau Pessima ist dieser angebotene Trost doch etwas zu klein.

»Die meisten dieser Kinder werden wohl in einer Behindertenwerkstatt unterkommen, oder in einem Wohnheim mit Tagesbetreuung. Wir sollten froh sein, dass es solche Einrichtungen hierzulande gibt. Und vielleicht schaffen einige ja doch den Sprung ins Berufsleben.« »Höchstens als angelernte Kraft«, führt Herr Resignatio den Gedanken weiter. »Aber was gilt heutzutage schon ein Hilfsarbeiter?«

»Hab ich ja gleich gesagt: Nichts.« Herr Zynik behält mal wieder Recht und das letzte Wort.

Plingg! Plingg! Dieser Ton stammt nicht von meinen Hinterstüblern; er holt mich an den Kaffeetisch zurück. Luis hat die Gitarre neben meinem Stuhl entdeckt und an den Saiten gezupft. Bei jedem Ton richtet er seinen Oberkörper auf und lauscht andächtig, wie der Klang im Raum schwebt und langsam verklingt.

Ich nehme die Gitarre auf meine Knie und schiebe sie näher vor Luis hin. Jetzt schlägt er alle Saiten auf einmal an. Plingg … Luis' Augen leuchten. Wieder und wieder bringt er die Gitarre zum Klingen, horcht, strahlt.

Ich greife einen e-Moll-Akkord. Ein weicher, angenehmer Akkord. Und einfach zu greifen, wenn man die Gitarre verkehrt herum auf den Knien liegen hat. Luis schlägt die Saiten wieder an – und zieht seine Hand überrascht zurück. Dann lauscht er, schlägt wieder an, lauscht. Ganz offensichtlich hat er den Unterschied zu den vorigen Tönen bemerkt. Und er gefällt ihm. Luis lächelt die Gitarre an, die ihm ein so unverhofftes Klanggeschenk gemacht hat. Ich wechsle von e-Moll auf a-Moll. Wieder horcht Luis andächtig und lässt nun abwechselnd beide Akkorde durch den Raum schweben. A-Moll, e-Moll. A-Moll. Als ich auf A-Dur wechsle, verzieht er das Gesicht. Moll ist ihm lieber.

Die Welt um uns herum, das Besteckklappern, Lachen, Streiten, versinkt in die Bedeutungslosigkeit. Für ein paar Minuten besteht die Welt nur noch aus Luis und der Gitarre, mit der er sein Innerstes zum Klingen bringt.

»Du wirst einmal ein großer Musiker«, flüstere ich ihm zu.

Die Erzieherin, die uns schon die ganze Zeit über beobachtet hat, fügt lächelnd hinzu: »Unser Luis wird nicht erst ein großer Musiker, er ist schon einer.«

Muss das sein? Müssen meine Hinterstübler diesen Moment versonnenen Glücks zerstören?

Ich höre sie alle drei aufstöhnen angesichts derart geballter Naivität. Herr Zynik spuckt auch noch seine Galle in die Idylle.

»Großer Musiker? Inwiefern? Soll er auf dem Broadway singen, mit den Berliner Philharmonikern auf Welttournee gehen? Oder die nächste Staffel von DSDS gewinnen?«

Wütend will ich ihm Schweigen gebieten, aber Herr Resignatio ist schneller.

»Immerhin kann er zwei Akkorde unterscheiden. Aber ob das für ein Musikstudium reicht?« Frau Pessima schüttelt den Kopf.

»Haltet die Klappe, ihr drei Miesepeter!«, knurre ich in Gedanken. »Ich habe euch nicht um eure Meinung gebeten!«

Und wo bleiben meine Mitstreiter für solche Momente?

Wenigstens einer hat meinen Hilferuf gehört. Frau Hoffnung betritt das Hinterstübchen, den Kopf gesenkt, nicht besonders siegessicher.

»Hier geht es doch nicht um ein Musikstudium; hier geht es um einen schwerst mehrfach behinderten Jungen, den Musik zum Strahlen bringt. Habt ihr überhaupt bemerkt, dass er, seit er die Gitarre entdeckt hat, seinen Körper selbst aufrecht hält und noch keinen einzigen Jammerlaut von sich gegeben hat?«

Die drei Hinterstübler lassen sich nicht so leicht umstimmen. Frau Pessima seufzt leise: »Das ist aber auch alles.« Herr Resignatio pflichtet ihr trübsinnig bei. Mit einem energischen: »Eben« nimmt sich Herr Zynik wieder das letzte Wort.

Nicht ganz das letzte. Zwei weitere meiner Verteidiger stürmen herein. Streitlust flammt in ihren Augen auf, als sie, die Hände in die Hüften gestemmt, Frau Hoffnung in die Mitte nehmen und sich das andere Trio vorknöpfen.

»Aha, ein Hilfsarbeiter ist also nichts wert, meint ihr? Ich kenne jemanden, für den hat auch der ungeschickteste, von Sozialhilfe abhängige Mensch dieser Erde mindestens den gleichen Wert, die gleiche Würde wie der reichste Professor. Und dieser Jemand ist nicht irgendwer, sondern immerhin der Herr dieser Welt!«

»Ja, ja«, erwidert Herr Resignatio gelangweilt; er kennt dieses Argument schon seit einer halben Ewigkeit.

Aber bevor er sich darüber auslassen kann, legt die Dritte im Bunde los.

»Zum Thema große Musiker: Die misst man nicht am erfolgreichen Studium oder an internationaler Berühmtheit. Wirklich große Musiker erkennt man daran, dass ein Leben ohne Musik für sie unvorstellbar ist, sinnlos wäre. Musik ist die einzige Ausdrucksform von und der einzige Zugang zu ihrer Seele. Und darin, werte Damen und Herren, übertrumpft Luis manchen Proficellisten und manches Schlagersternchen bei weitem.«

Spricht's und rauscht mit seinen beiden Kompagnons hinaus, mit einem letzten verächtlichen Blick auf die miesepetrigen Hinterstübler. Diese schauen sich betreten an. Es hat ihnen tatsächlich die Sprache verschlagen.

Diese Schlacht in meinem Hinterkopf ist gewonnen. Es werden weitere folgen, und sicher werden sich Herr Zynik, Frau Pessima und Herr Resignatio nicht immer so schnell zum Schweigen bringen lassen. Aber für heute werden sie Ruhe geben.

Danke, Frau Hoffnung.

Danke, Herr Glaube.

Danke, Frau Liebe.

Alltags-Katastrophen

November 2010

Was ist eigentlich eine Katastrophe?

Laut Wikipedia ist es generell »ein folgenschweres Unglücksereignis samt dessen Folgen«. Je nachdem, in welchem Bereich sich die Katastrophe ereignet, wird sie leicht unterschiedlich definiert: Im technischen Bereich spricht man von Katastrophe, wenn ein größeres System zusammenbricht und mit den vorgesehenen Reparaturmechanismen nicht mehr zu regulieren ist.

Im gesellschaftlichen Bereich werden große Schadensereignisse mit dem Wort Katastrophe belegt, die aufgrund ihrer Heftigkeit noch in weiterer Entfernung mit Entsetzen wahrgenommen werden. Das kann dabei von einem individuellen Unglück bis hin zu Naturkatastrophen reichen, die ganze Landstriche für Jahrzehnte unbewohnbar machen.

Auch im ganz persönlichen Bereich können sich schwerwiegende Unglücksfälle ereignen. Laut Wikipedia stellen hier aber nur solche Ereignisse eine »Katastrophe« dar, nach denen sich die Betroffenen »auf völlig veränderte Lebensumstände einstellen« müssen.

Ich sollte den Eintrag zu »Katastrophe« auf Wikipedia dringend ergänzen.

Um Jacobs Definition.

Wir haben allerdings lange gebraucht, um zu verstehen, was unser Ältester so alles als Katastrophe empfindet. Er erklärt es uns nämlich nicht, er verhält sich nur entsprechend. Unzählige Puzzlesteine mussten wir zu einem Gesamtbild zusammenfügen, bevor wir für ihn definieren konnten: Eine Katastrophe ist alles, was anders läuft, als ich es mir vorgestellt habe.

Versuchen Sie einmal, mit dieser Definition durch Ihren Alltag zu gehen. Sie werden bald merken: Das Leben ist gepflastert mit Katastrophen.

Bei Jacob fängt das schon frühmorgens an.

Zum Beispiel, indem Papa ihm »Guten Morgen« sagt, ohne an der Zimmertür geklopft zu haben.

Zum Beispiel, indem Mama morgens an seine Zimmertür klopft und ihm »Guten Morgen« sagt, Jacob sie aber erst zwei Minuten später erwartet hatte.

Zum Beispiel, indem Mama ihm zum richtigen Zeitpunkt ohne Klopfen »Guten Morgen« sagt, er aber mit dem Papa gerechnet hatte.

Oder wenn Cornelius das Licht im Bad anschaltet, obwohl es für Jacobs Empfinden hell genug darin ist.

Anders herum ist es natürlich auch eine Katastrophe, wenn Cornelius ohne Licht die Toilette benutzt, während es draußen nach Jacobs Meinung schon dunkel ist.

Jacob versucht, den rechten Schuh am linken Fuß anzuziehen, und Mama weist ihn darauf hin. Ohne zu merken, dass er das in fünf Minuten auch selbst festgestellt hätte.

Am nächsten Tag passt der Orthesenschuh partout nicht über die Orthese, weil Jacob den falschen Schuh erwischt hat. Und niemand hilft dem armen Kind mit einem klitzekleinen Hinweis.

Im Laufe des Tages bieten sich Dutzende weitere Gelegenheiten für den Ausbruch einer Katastrophe:

Wir haben Jacob das Geld für den Ausflug schon einen Tag vor dem letzten Abgabetermin mitgeschickt.

Der schon lange geplante Arztbesuch muss verschoben werden, weil der Arzt auf Fortbildung ist.

Mama bittet Jacob bei Tisch um die Butter, obwohl dieser schon längst gesehen hat, dass Mama eine Brotscheibe vor sich liegen hat.

Papa drängt zum Aufbruch für den Besuch bei Freunden. Jacob hat die Aufforderung gehört, aber noch nicht reagiert. Da ruft der Papa schon zum zweiten Mal.

Cornelius hat sein Schwimmzeug nicht in die Schule mitgenommen, weil sich sein Stundenplan geändert hat.

Die Oma ruft am Donnerstag an, obwohl Jacob sonst immer sonntags mit ihr telefoniert.

Sollte trotz all dieser unbegrenzten Möglichkeiten doch einmal rein gar nichts Katastrophales passieren, ist es für Jacob eine Kleinigkeit, längst abgehakte Ereignisse noch einmal zu durchleben. Vielleicht hat vor zwei Tagen Cornelius beim Abendessen die letzte Scheibe der Wurst genommen, die Jacob ebenfalls hatte haben wollen. Sich daran zu erinnern, reicht allemal zur Katastrophe.

Dass unser Ältester all diese täglichen Widernisse als Katastrophe definiert, wäre an sich völlig harmlos.

Aber all diese Katastrophen treiben ihn von einer Sekunde auf die andere in abgrundtiefe Verzweiflung. Die ganze schöne Welt, die er sich in seinen Gedanken zurechtgelegt hat, gerät plötzlich aus den Fugen. Nicht einmal auf die eigenen Eltern ist mehr Verlass, sie verhalten sich einfach falsch, tun Dinge, die weder so vorgesehen noch von seiner Seite aus erlaubt waren.

Und man selbst ist mal wieder einer völlig unfairen, unberechenbaren Umwelt ausgeliefert.

Was soll man da noch anderes tun, als lautstark gegen diese ständigen Regelverstöße zu protestieren?

Jacob protestiert, indem er schreiend um sich oder mit den Händen an seinen Kopf schlägt und mit den Füßen auf den Boden trampelt. In anderen Fällen streckt er uns ein wütend verzerrtes Gesicht entgegen und versucht, uns mit völlig unartikulierten Lauten klar zu machen, wie schlimm ihm das Leben gerade wieder mitgespielt hat. Das Ganze wird untermalt von wildem, ziellosen Gestikulieren.

Darauf sollen wir nun also reagieren.

Früher konnten wir das tobende Kind wenigstens einfach in sein Zimmer tragen, aufs Bett legen und warten, bis es sich wieder beruhigen würde. Manchmal half es auch schon, wenn wir Jacob fest in den Arm nahmen, ihn sanft auf unserem Schoß hin und her wiegten, beruhigend auf ihn einredeten oder ein ruhiges Lied summten.

Inzwischen ist unser Sohn fast sechzehn Jahre alt und wiegt knappe vierzig Kilo. Da ist es nicht mehr so einfach möglich, ihn in die Arme zu nehmen oder in einen anderen Raum zu bugsieren, solange er sich dagegen sträubt. In punkto Geschicklichkeit ist Jacob uns zwar nach wie vor völlig unterlegen, dafür zeigt er keinerlei Hemmungen dabei, sich zu wehren. Da fliegt auch einmal die Brille auf den Boden, da landet eine Faust im Auge oder ein Gehstock dem Gegenüber am Kopf. Einmal endete der Tobe-Anfall mit einer zerschlagenen Glastüre und einem geschockten Jacob – und wir empfanden es als großes Glück, dass die Sache nicht anders herum ausgegangen war.

Längst haben wir aufgegeben, Jacob zu zwingen, in einen anderen Raum zu gehen. Eine Zeitlang haben wir dann unsererseits den Raum verlassen, auch wenn wir dabei das gesamte Abendessen auf dem Tisch stehen lassen mussten. Aber innerhalb der Wohnung kann Jacob recht sicher laufen. Er kommt uns einfach nach. Denn was nützt der schönste Tobe-Anfall, wenn niemand ihn bemerkt?

Also haben wir versucht, Jacob in diesen Situationen zu ignorieren. Martin bekam das ganz gut hin, ich musste all meine Nervenstärke dafür zusammenkratzen, und für Cornelius war es ein Ding der Unmöglichkeit. Seit er ein paar Mal mit dem tobenden, um sich schlagenden Jacob aneinandergeraten ist, erfasst ihn Panik, sobald sein großer Bruder sich an den Kopf schlägt oder das Gesicht verzerrt. Cornelius erstarrt dann in einer Art vorauseilendem Schockzustand, gerät an die Grenze zur Hyperventilation, und das Kreischen, das er dabei ausstößt, würde in jedem gewerblichen Betrieb zum Tragen von Ohrenschützern verpflichten. Auch er schlägt unkontrolliert zuckend um sich, wenn wir versuchen, ihn aus der Gefahrenzone rund um Jacob zu evakuieren.

In der Schule können wir uns keine genialen Tipps für den Umgang mit Jacob in Katastrophen-Laune holen. Das einzige, was ich von den Lehrern bekomme, sind überraschte Blicke. Diese Seite von Jacob ist ihnen völlig unbekannt. In der Schule lässt unser Sohn sich nicht derartig aus dem Gleichgewicht bringen.

Irgendwie verstehe ich Jacob ja auch. Wie oft wird einem Kind gesagt, dass es bei der Oma lieb sein, sich in der Öffentlichkeit benehmen, auf die Lehrer hören soll. Bei all dem Sich-Zusammenreißen bleibt eigentlich nur ein Ort übrig, an dem es einfach mal so sein kann, wie es sich fühlt: zu Hause eben.

Dass Jacob bei uns seinen Gefühlen freien Lauf lässt, könnte ich also als eine Art Kompliment ansehen: Immerhin hat unser Sohn so viel Vertrauen in uns, dass er sich bei uns nicht »benimmt«, sondern so ist, wie es gerade seiner Gefühlslage entspricht.

Dummerweise habe ich während Jacobs Verzweiflungsanfällen alle Gedanken und Hände voll zu tun und kann deshalb das darin enthaltene Kompliment nicht entgegennehmen.

Da bemühen wir uns lieber permanent, die Auswirkungen von Jacobs Katastrophen-Empfinden möglichst klein zu halten: Sollte sich bei Tisch etwas anbahnen, können wir Jacobs Teller in die Küche tragen. Manchmal genügt die Androhung davon, um Jacob vom Tobe-Modus in den Normal-Modus zurückzuholen. In anderen Fällen folgt er wütend seinem Teller und drischt dabei die Türen derart zu, dass selbst die fünfzig Zentimeter dicken Steinwände des Pfarrhauses vibrieren.

Morgens verfügen wir über ein anderes, alt bewährtes Druckmittel: Wir greifen zum Telefon und verkünden, den Busfahrer anrufen zu wollen. Denn ein derart aus der Kontrolle geratenes Kind könnten wir weder ihm noch den Lehrern zumuten.

Mit dieser Ankündigung erreichen wir zunächst, dass Jacob uns das Telefon aus der Hand reißen will. Wenn ihm das nicht gelingt, fügt er sich in sein Schicksal: Er muss sich tatsächlich beruhigen.

Dafür hat er eigene Methoden entwickelt.

Er kneift sich in den Bauch, wahrscheinlich um seine Wahrnehmung von der Verzweiflung über die erlebte Katastrophe abzulenken.

Und er versucht es mit Autosuggestion. »Wie beruhigt ich schon bin«, erklärt er uns ein ums andere Mal, während er immer noch die Hände ineinander schlägt und auf dem Boden herum trampelt.

Wir wagen es nicht, ihm zu widersprechen. Sonst würde die ganze Aktion von vorne beginnen. Und darauf hat niemand von uns Lust.

Da ist es wesentlich konstruktiver, Jacob in der Annahme zu bestätigen, er habe sich wirklich bereits vollkommen beruhigt. Das geht am besten, indem wir ihn einfach bei der Tätigkeit weitermachen lassen, aus der ihn die Katastrophe herausgerissen hat: Wir helfen ihm beim Anziehen seiner Orthesen, sehen uns die letzten Sätze seines am Computer getippten Tagebuches an oder essen weiter, als sei nichts gewesen.

Manche Katastrophen-Szenarien kennen wir inzwischen schon so gut, dass wir sie mit einigem taktischen Geschick und etwas Glück vermeiden können.

Wenn sein Bus ihn nach Hause bringt, öffnen wir die Haustüre einen Spalt breit und fragen Jacob, ob er den Klingelknopf drücken möchte. Meistens will er. Dann schließen wir die Tür, um sie wenige Sekunden später wieder zu öffnen und ganz überrascht Jacob begrüßen.

Morgens klappt es manchmal, unseren Sohn zu fragen, ob wir anklopfen sollen, ob er ein »Guten Morgen« von uns hören möchte, oder ob wir ihn ganz in Ruhe lassen sollen.

Wenn er dann seine Vorstellung für diesen konkreten Morgen bereits kennt und uns mitteilt, kann Jacob in aller Ruhe in den Tag starten. Ohne hilflos und verzweifelt von einer Katastrophe in die nächste zu schlittern. Und hoffentlich ohne zu merken, wie erleichtert seine Eltern die Tür hinter ihm zuziehen, wenn er endlich in seinen Schulbus steigt.

Änderungen im geplanten Tagesablauf bringen wir Jacob möglichst schonend bei. Dabei erklären wir ihm detailliert die Vorzüge der neuen Regelungen, versichern ihm, dass wir alles im Griff haben, und erklären ihm mindestens ein Dutzend Mal: »Das ist keine Katastrophe.«

Aber trotz aller Anstrengungen, trotz allen Vorausdenkens sind wir nicht allwissend. Mehrfach pro Woche bricht unversehens eine neuartige Katastrophe über uns herein. Eine, die wir im Vorfeld nicht erahnen und darum nicht entschärfen konnten.

Nicht einmal Wikipedia kann uns dabei weiterhelfen. Was bringt uns die Definition von »Katastrophe« im technischen oder im journalistischen Bereich, wenn der jacobsche Bereich vollkommen fehlt?

Wenigstens dieser Trost bleibt uns: Schuld an der ganzen Misere sind nicht wir. Schuld ist einzig und allein Wikipedia. Natürlich könnte ich versuchen, den dortigen Eintrag zu ergänzen. Aber das lasse ich lieber sein. Denn sonst hätten wir nichts und niemanden mehr, auf den wir die Schuld an Jacobs Alltags-Katastrophen-Ausrastern schieben können.

Wir sollten froh sein, dass Wikipedia sich dafür so uneigennützig zur Verfügung stellt.

Gemischte Geburtstagsgefühle

10. Januar 2011

Ist es wirklich schon sechzehn Jahre her, dass die Ärzte Jacob ans Licht der Welt geholt haben? Es muss wohl so sein, denn heute feiert er seinen sechzehnten Geburtstag.

Gestern Nachmittag haben wir gemeinsam einen Kuchen für die Feier in der Schule gebacken. Abends ist mein Ältester wie immer pünktlich um halb neun ins Bett gegangen – und das, wie immer, freiwillig.

Ähnlich außergewöhnlich präsentiert sich der Gabentisch, den ich ihm danach aufgebaut habe. Kein Umschlag von den Großeltern mit einem Beitrag für Moped oder Führerschein, kein Gutschein für die nächste Jugendfreizeit. Stattdessen ein Jogginganzug Größe 176 direkt neben dem Buch für Leseanfänger und der DVD mit Altersfreigabe ab Null. Wir werden den Film dennoch gemeinsam mit dem Geburtstagskind ansehen, um Panik zu vermeiden, wenn ein Hund den Helden anknurrt.

Pünktlich um Viertel vor sechs wecke ich Cornelius, damit er noch ein paar Löffel Müsli frühstücken kann, bevor sein Bus kommt. Diesmal ist Jacob natürlich auch gleich aus dem Bett und inspiziert begeistert seinen Gabentisch. Und Cornelius findet eine Minute Zeit, um dem großen Bruder zu gratulieren.

Das hatte Jacob nicht erwartet; er wollte die Glückwünsche erst heute Nachmittag entgegennehmen. So nimmt die erste Katastrophe des Tages ihren Lauf.

Jacob erwidert die Gratulation mit unartikuliertem Geschrei und will sich auf den Bruder stürzen. Diesmal ahne ich wenigstens, was Jacobs Unmut ausgelöst hat. Gerade noch kann ich die beiden trennen und Cornelius in die Küche bugsieren, bevor dieser die Nerven verliert oder das Geburtstagskind mit einem Tritt in den Gabentisch stürzen lässt.

Jacob schimpft und tobt auch noch weiter, als Cornelius aus dem Haus ist. Erschöpft, ernüchtert und enttäuscht krieche ich zurück ins Bett und hoffe, dass Jacob sich irgendwann in der nächsten Stunde wieder beruhigt.

Immerhin brummelt unser Geburtstagskind nur noch leise vor sich hin, als er, bepackt mit Ranzen und Kuchen, in seinen Schulbus steigt.

Der Nachmittag beginnt ruhiger; schließlich kommt Cornelius erst eine knappe Stunde nach Jacob nach Hause. So kann unser Geburtstagskind erst einmal ohne Ablenkung berichten, wie sein Schultag verlaufen ist: Die Klasse hat für ihn gesungen, dann haben sie Topfschlagen gespielt. Der Kuchen hat allen prima geschmeckt, und sie haben Jacobs Backkünste ausgiebig gelobt. Zur Feier des Tages hat Jacob seine Schulfreundin Marie gefragt, ob sie ihn heiraten will. Marie hat gelacht – das tut sie immer, wenn jemand mit ihr spricht. Jacob wertet dies als »Ja«. Und nun überlegt er laut, wie er uns in ein paar Jahren von der Geburt des ersten Enkelkindes informieren will.

Enkelkinder ... Bei diesem Wort muss ich dann doch kurz aus dem Zimmer und ein paar Tränchen verdrücken.

Dann beginne ich mit Jacob das neue Puzzle und decke mit ihm den Kaffeetisch. Heute wird es nur eine Familienfeier geben, da die Mutter seines besten Freundes Spätschicht hat. Ehrlich gesagt besteht die Freundschaft zwischen Richard und Jacob zum größten Teil aus der Freundschaft ihrer Mütter. Aber so kann es am Wochenende immerhin eine »Geburtstagsfeier mit Freunden« geben. Soll ich mich darüber freuen, dass unser Sohn das noch mitmacht, und nicht spät abends in irgendeinem Partykeller mit seinen Freunden feiern will? Endlich einmal ganz ohne Eltern, dafür mit dem ersten Alkohol? Ich weiß es nicht. Anstrengende Gespräche mit Teenagern über Sex and Drugs werden mir tatsächlich erspart bleiben, dafür aber auch die Enkelkinder ...

Wobei die Kinder gerade anstrengend genug sind! Kaum kommt Cornelius zur Tür herein, löchert er den großen Bruder mit Fragen, warum er ihm heute Morgen nicht gratulieren durfte. Und das ganze Theater beginnt von vorne. Nur diesmal ohne das vorgegebene Ende durch den Schulbus.

Nein, die Geburtstagsfeier verläuft nicht harmonisch. Nein, niemand beachtet den liebevoll gedeckten Tisch. Nein, kein Mensch hat jetzt noch Lust auf ein gemeinsames Spiel.

Können die Kinder sich nicht einmal heute vertragen?

Nein, können sie nicht. Es ist völlig normal, dass Geschwister sich andauernd streiten.

So habe ich das jahrelang meiner Schwiegermutter erklärt, wenn diese sich noch nach Jahrzehnten über ihre Kinder beschwerte.

Das sage ich immer noch. Allerdings mit einem Nachsatz: Und es ist völlig normal, dass das die Eltern gehörig nervt.

»Nein«, sagt Martin und legt mir seine Hand auf die Schulter. »Nicht immer. Jetzt zum Beispiel streiten sie nicht.«

Kunststück, sie sehen sich ja nicht einmal. Jeder sitzt in seinem Zimmer, Jacob schreibt Tagebuch am Computer, Cornelius entwirft eines seiner imaginären Fußballspiele.

Aber Martin behält sogar beim Abendessen Recht. Die Brüder streiten sich auch nicht, als sie sich dabei wieder sehen.

Abends hole ich unsere Fotoalben aus dem Regal. Will ein wenig nostalgische Gefühle wecken an die Zeit, in der Jacob den Großteil seines Tages friedlich verschlafen hat. In seiner Wiege, auf unserem Bett, im Kinderwagen, auf dem Sofa.

War diese Zeit wirklich so idyllisch gewesen? Die Photos verraten nichts von tränenreichen vergeblichen Stillversuchen, von drei Arztbesuchen pro Woche, immer verbunden mit dem Wecken des schlafenden Säuglings. An den späteren Bildern kann nur ein Experte erkennen, dass das Kind seine Hände kaum einmal vor dem Körper zusammennimmt, an seinem ersten Geburtstag nicht steht, auf dem Medizinball nicht spielt, sondern Physiotherapie bekommt. Natürlich erkenne ich das alles auch, aber heute konzentriere ich mich darauf, dass mir aus fast jedem Bild ein unbeschwertes Kind entgegenlacht.

Dann wieder Krankenhaus-Bilder. Die von Cornelius' Geburt. Jacob bestaunt den Bruder, drückt ihm vorsichtig einen Kuss auf die Wange. Sitzt vor ihm im Geschwisterwagen oder schiebt das lange Gefährt stolz selbst.

Später eine ganze Fotoserie: Cornelius rollt sich von seiner Decke auf den Rasen, Jacob krabbelt ihm hinterher und hält ihn fürsorglich auf, als die Wiese abschüssig wird.

Zwei begeisterte Bobby-Car-Piloten, einträchtig nebeneinander.

»Ausflüge« mit der Lauflern-Karre: Einmal steht Cornelius drin und Jacob schiebt, dann wieder umgekehrt.

Zwei Blondschöpfe in der Badewanne, mit Partnerlook-Pullis im Sandkasten, mit Papierhüten vor dem Spiegel im Schlafzimmer. Unterwegs auf ihren Therapie-Fahrrädern, weiß bemehlt beim Ausstechen von Weihnachtsplätzchen.

Anscheinend trügt meine Erinnerung, wenn ich den Eindruck habe, meine Söhne würden sich »immer nur« streiten.

Oder trügt das Fotoalbum? Haben wir immer nur dann zur Kamera gegriffen, wenn es idyllische Szenen zu fotografieren gab?

Oder haben mein Gedächtnis und das Album jeweils zum Teil recht? War die Babyzeit mit beiden Jungen teils wirklich so friedlich und teils emotionale Schwerstarbeit, so wie eigentlich in jeder Familie? Streiten die Brüder sich gelegentlich, so wie alle anderen Geschwister auch?

Jetzt, wo im Haus Ruhe eingekehrt ist, und ich nur noch den Kamin knistern höre, kommt mir das alles nicht mehr so dramatisch vor. Auch heute hat es eigentlich nur wegen einer einzigen Sache Krach gegeben. Die beiden können genauso gut stundenlang miteinander vor dem Computer sitzen und die mindestens 300 Geburtstagsdaten, die sie im Kopf haben, in Listen eintragen.

Halb verschüttete Glücksgefühle bahnen sich angesichts der Kinderfotos allmählich ihren Weg in mein Bewusstsein. Es waren doch eigentlich schöne Zeiten damals. Es ist eigentlich auch eine schöne Zeit jetzt: Die Kinder werden selbstständiger, können abends allein zu Hause bleiben, können sich selbst beschäftigen. Behaglich lehne ich mich zurück ins weiche Sofa.

Da schallt von unten ein lautes »Jaaacob, raus!« herauf. Anscheinend wollte der Große schauen, ob der Kleine immer noch nicht im Bett ist. Dann ertönt ein lautes Donnern.

»Willkommen zurück in der Wirklichkeit«, grinst mir die wackelnde Wand zu.

Ich weiß es besser als sie: Was sich dort unten abspielt, ist nur die eine Hälfte der Wirklichkeit.

Sprechgenie 2

August 2011

He-he hi hä hehehe?

Alles klar? Nein?

Nun, diese Frage sollte schlicht und einfach bedeuten: Können Sie das verstehen?

Falls auch Sie das nicht herausbekommen haben, brauchen Sie sich trotzdem keine Gedanken über Ihre geistigen Fähigkeiten zu machen; Sie sind in guter Gesellschaft. Denn Sie waren sicherlich nie gezwungen, derartige Sätze zu enträtseln.

Wir schon. Bis Cornelius sechs Jahre alt war, sprach er keinen einzigen Konsonanten aus, und die Vokale wurden nur angedeutet. Silbenzahl und Satzmelodie stimmten allerdings haargenau. Das lieferte uns zusammen mit der Situation, in der unser Jüngster uns etwas mitteilen wollte, die nötigen Anhaltspunkte, um seine Aussprache zu enträtseln. Manchmal waren wir sogar erfolgreich. Öfter waren wir es nicht.

Ab und zu half es, Jacob zu fragen. Irgendwie standen unsere beiden Jungs in einer geheimen Verbindung zueinander. Jedenfalls konnte Jacob oft schneller verstehen als wir, was Cornelius wünschte. Wenn auch Jacob passen musste, blieb uns nur noch langwieriges Raten übrig, mit einem zunehmend ärgerlicher und ungeduldiger werdenden Cornelius. Klar, er konnte nun wirklich nicht verstehen, warum diese komischen Eltern einfach nicht kapierten, was er ihnen doch so laut und deutlich zum 63. Mal zu sagen versuchte …

Natürlich war Cornelius bei einer Logopädin. Natürlich haben wir Mundübungen mit ihm gespielt, natürlich haben auch die Erzieherinnen im Kindergarten ihr Bestes gegeben, um Cornelius verständlichere Töne zu entlocken. Alles blieb vergeblich. Er redete auf he-he-he, und noch lieber sang er auf he-he-he. Die Lieder ließen sich wenigstens erkennen, denn auch da stimmte die Melodie stets perfekt.

Das brachte uns schließlich auf die Idee, Cornelius zu der Musiktherapeutin zu schicken, die damals gerade im Kindergarten zu arbeiten anfing. Rhythmen, Melodien, die unterschiedlichsten Instrumente – das war eindeutig Cornelius' Welt. Dort fühlte er sich sichtlich wohl. Und dort fing er an, wenigstens die Vokale unterschiedlich auszusprechen. Aus der Eingangsfrage wurde also immerhin ein »Hö-nen hi ha he-he-hen?«.

Sie würden auf diese Frage wahrscheinlich immer noch mit einem verständnislosen Blick reagieren; für uns wurde das Verständnis-Problem ein ganzes Stück kleiner.

Erst in seinem letzten Kindergartenjahr machte unser Jüngster, nachdem er jahrelang fast keine Fortschritte in seinem Sprechvermögen gemacht hatte, geradezu Fort-Sprünge. Kurz vor der Einschulung sprach er in gut verständlichen, kompletten Sätzen.

Nur einzelne Buchstaben bereiteten ihm noch Schwierigkeiten. Beispielsweise das »Fl«, wodurch »Fleischbällchen« bei Cornelius zur allgemeinen Erheiterung »Scheischbällchen« wurden.

Auch das G oder K verwechselte er regelmäßig noch mit dem D beziehungsweise dem T. Fragte man ihn nach seinem Namen, bekam man ein »Tornelius« zu hören.

Aber das ist ein ziemlich häufiges Problem beim Sprechenlernen und meist unerheblich. Anhand des Zusammenhanges lassen sich eine »Tasse« und eine »Kasse« in den meisten Fällen genauso problemlos unterscheiden wie eine »Tanne« und eine »Kanne«.

Wie froh waren wir, unseren Jüngsten nun ohne langwieriges Nachfragen zu verstehen!

Wie staunten wir darüber, wie viele Dinge Cornelius sich gemerkt und verstanden hatte, wie durchdacht er nachfragen konnte!

Wie bewunderten die Lehrer seine grammatisch völlig korrekte Ausdrucksweise mit Haupt- und Nebensätzen, Konjunktiv und Passiv!

Wie war Cornelius glücklich, dass er nun endlich zeigen konnte, was er alles wusste, dass er nach Dingen, Gründen und Zusammenhängen fragen konnte und jeder ihn verstand!

Damit könnte dieses Kapitel eigentlich zu Ende sein.

Ist es aber nicht.

Ich muss Ihnen eine weitere Frage stellen. Diesmal lautet sie: Saw neneim ies, saw chi nun negas etchöm?

Offensichtlich hat Cornelius sich in seinen ersten Lebensjahren so sehr daran gewöhnt, nur von Eingeweihten verstanden zu werden, dass er sich bald eine neue Geheimsprache zulegte. Kaum konnte er fließend lesen, las er Worte zum Spaß verkehrt herum. Und kurz darauf redete er fast flüssig rückwärts.

Um die oben gestellte Frage zu verstehen, müssen Sie also nur Wort für Wort von hinten nach vorne lesen. Immerhin konnte ich Cornelius dazu bringen, feste Buchstabenkombinationen wie »sch«, »ei« und »ie« als einen einzigen Buchstaben zu betrachten, also beim Rückwärts-Reden nicht auch noch umzudrehen.

Das macht das Verstehen ein klein wenig leichter, aber auch so hält mein Sohn mit seiner Geheimsprache meine kleinen grauen Zellen ordentlich auf Trab. Jacob hat sich aus diesem Spielchen von Anfang an ausgeklinkt; für jemanden, der nur mit Mühe und voller Konzentration lesen kann, ist Rückwärts-Reden ein Ding der Unmöglichkeit. Auch Martin hat es längst aufgegeben, mehr als »Eknad« und »Ettib« zu verstehen.

Also bleibe nur noch ich übrig und muss fast täglich herumrätseln, was Cornelius mir sagen möchte. Dafür kann ich Cornelius meinerseits in Schwierigkeiten bringen, wenn ich rückwärts rede und von ihm erwarte, dass er das versteht. Denn Verstehen ist in diesem Fall wesentlich schwieriger als Reden.

Aber im Laufe der letzten Jahre haben wir beide immer mehr Übung bekommen, und so können wir uns zwar nicht fließend, aber immerhin schneller als die meisten anderen Menschen auf »rückwärtsisch« unterhalten.

Reif fürs Fernsehen sind wir noch nicht ganz, aber für ein Geburtstagsständchen mit dem Text »Muz Gatstrubeg liev Külg« oder für bunte Abende reicht es allemal. Im Sommer durften beim

Abschlussfest einer Familienfreizeit alle Kinder, die wollten, besondere Fähigkeiten vorführen: Fußball-Jonglage, den Bau einer Pyramide aus sechs Kindern, Tanz- und Musikvorführungen. Cornelius stellte sich als Rückwärtsredner auf die Bühne und bat sein Publikum um Worte, die er von hinten sagen würde.

Ich verkniff mir den Satz: »Die Hauptstadt von Madagaskar heißt Antananarivo«, denn daran hatte mein Sohn bei einem Probedurchlauf doch ganz ordentlich zu knabbern gehabt.

Das Publikum war da wesentlich vorsichtiger und ließ Cornelius erst einmal Worte wie »Sommer« umdrehen, die Cornelius natürlich keinerlei Schwierigkeiten bereiteten. Allmählich traute man diesem immerhin behinderten Jugendlichen sogar zusammengesetzte Worte zu und wollte wissen, was »Sommercamp« von hinten gelesen ergab. Kein Problem für den Sprachkünstler. Aber eines für alle diejenigen Erwachsenen, die im Kopf überprüfen wollten, ob Cornelius' Antwort wirklich richtig war.

Als der staunende Applaus bereits das Ende der Aufführung ankündigte, fiel einem der älteren Jungen noch ein Wort für Cornelius ein. Ja, meinte der Moderator, ein nettes Wort von einem Kind sei ein guter Abschluss. Der Junge stand auf und warf siegessicher »Kohlenstoffmonoxid« in die Runde.

Stille. Könnten Blicke reden, dann wäre der Raum allerdings wohl erzittert unter etwa fünfzig Ausrufen wie »Spielverderber« oder »musste das sein?«.

Martin und ich hielten die Luft an. So weit war Cornelius in Chemie noch nicht, dass er dieses Wort überhaupt kennen konnte.

Der Moderator überlegte sichtlich, wie er diese Aufgabe zurücknehmen konnte, ohne mindestens einen der beiden Jungen zu blamieren.

Aber bevor er eine praktikable Lösung gefunden hatte, erklärte Cornelius völlig ruhig und souverän: »Dixonom-fots-nelhok«.

Ja, rückwärts reden kann Cornelius in Perfektion.

Und damit hat diese Art der Geheimsprache bereits einiges an Reiz eingebüßt.

4–1 13–21–19–19 5–20–23–1–19 14–5–21–5–19 8–5–18!

Ja, genau: Da muss etwas Neues her!

Wenn Sie gerne knifflige Rätsel lösen, kommen Sie sicher schnell hinter das Geheimnis von Cornelius' nächster Geheimsprache.

Für alle Ungern-Rätsel-Rater: Er ersetzt einfach jeden Buchstaben durch die Zahl, die dessen Stelle im Alphabet entspricht. Eigentlich ganz einfach. Sofern man sich Zahlen so gut merken kann, wie Cornelius das tut.

Ich kämpfe dagegen noch nach fünf Jahren mit der PIN-Nummer meiner Scheckkarte, und die Kontonummer lasse ich mir sicherheitshalber immer von meinem Sohn diktieren. Auch bei Telefonnummern ist auf ihn Verlass.

Beim Numerisch-Reden ist Cornelius mir daher haushoch überlegen. Ich versuche gar nicht mehr, irgendetwas davon zu verstehen. Meine einzige Rettung ist, ihn zu fragen, wie das auf rückwärtsisch heißt. Wenn ich Glück habe, liest er die Buchstaben von hinten nach vorne, und nicht die entsprechenden Zahlen.

Wenn wir absolutes Pech haben, treibt unser Sohn den Schwierigkeitsgrad seiner Geheimsprache noch weiter in die Höhe. Der oben erwähnte Zahlen-Satz hieße dann

5 – 72 – 68 – 59 – 21.

Auf die Idee zu dieser neusten Verschlüsselung kam Cornelius, als er in der Schule gelernt hatte, was eine Quersumme ist. Da unser Sohn mit Buchstaben ebenso gerne spielt wie mit Zahlen, lag es für ihn auf der Hand, auch aus Worten Quersummen zu bilden. Was ein Verstehen allerdings völlig unmöglich macht.

Unserem Sohn ist das egal. Immerhin hat er uns beigebracht, dass ich gemeint bin, wenn er »fünfzig« ruft, und dass er mit »fünfundsiebzig« Martin meint. Nur Jacob weigert sich auch hier hartnäckig, Cornelius Spielchen mitzumachen, und reagiert nicht im Geringsten auf die Anrede »48 – 31«, was »Hallo Jacob« heißen soll.

Wir haben uns längst den Mund fusselig geredet, um Cornelius zu erklären, dass man Quersummisch zwar recht leicht verschlüsseln, aber unmöglich wieder entschlüsseln kann. Wie oft haben wir dargelegt, dass beispielsweise die Zahl 31 nicht nur »Jacob«, sondern ebenso gut »Gera« oder »Eile« bedeuten kann.

Aber alle unsere Bemühungen laufen ins Leere. Cornelius begreift einfach nicht, weshalb wir nicht erkennen können, welches Wort er da soeben ins Quersummische übersetzt hat.

Für die Erkenntnis, dass andere beim besten Willen seine Gedanken nicht lesen können, reicht die Intelligenz unseres Jüngsten eben nicht aus. An irgendetwas muss man ja schließlich erkennen, dass er eine Lernbehinderung hat.

König Fußball

September 2011

In Deutschland existieren drei Varianten, wie sich die Pflichtspiele einer Mannschaft der Fußball-Bundesliga in der Woche verteilen. Zum einen gibt es den Normalfall, dass nur am Wochenende gespielt wird. Zum zweiten gibt es die sogenannte »Englische Woche«, in der sowohl ein Bundesliga-Spiel als auch ein Match in einem internationalen Wettbewerb oder im Pokalwettbewerb ausgetragen wird. Zum dritten gibt es die »Cornelische Woche«, in der für jede Mannschaft täglich ein Pflichtspiel auf dem Spielplan steht. Spiele der deutschen Nationalmannschaft können jederzeit in beliebiger Anzahl dazukommen.

In diesen täglichen Fußballspielen geht es regelmäßig ziemlich hoch her: Kaum eines endet mit weniger als drei Elfmetern, zehn Toren und zwei Platzverweisen. Und das alles in höchstens zehn Minuten. Mehr Zeit ist nicht drin, wenn man zwischen der Heimkehr von der Schule gegen halb fünf und dem Abendessen mindestens neun Matchs austragen will und nebenbei noch die Hausaufgaben erledigen muss.

Das Erstaunlichste an diesen sportlichen Großereignissen ist allerdings die Tatsache, dass vierzehn Feld- und Auswechselspieler pro Mannschaft, zwei Trainer und drei Schiedsrichter von einer einzigen Person verkörpert werden: Von Cornelius.

Er benötigt dazu weder Rasen noch Fußballschuhe, weder Torpfosten noch Trillerpfeife. Seine einzigen Utensilien sind ein

Ball, dessen Größe irgendwo zwischen der eines handelsüblichen Fußballs und der eines Golfballs variieren kann, und die Saison-Eröffnungs-Ausgabe des »Kicker«. Mit dieser schnell zerfledderten Zeitschrift in der Rechten treibt unser Jüngster Nachmittag für Nachmittag den erstbesten zufällig gefundenen Ball vor sich her, je nach Wetter durch den Garten oder durchs Erdgeschoss des Pfarrhauses. Mit jedem Tritt gegen den Ball verwandelt er sich blitzartig in den nächsten aufgelisteten Spieler der jeweiligen Mannschaft. Ob dieser inzwischen den Verein gewechselt hat oder eine Verletzung auskuriert, interessiert Cornelius herzlich wenig. Was in seinem »Kicker« steht, ist für ihn Realität.

Fast ebenso real sind für ihn die Ergebnisse seiner Fantasie-Spiele. Unser Sohn kann der arglosen Förderlehrerin derart lebendig von dem grandiosen 12:3-Sieg von Werder Bremen gegen Bayern München erzählen, dass diese sich bereits vorgenommen hat, ihr neu erworbenes Fußballwissen vor ihrem Enkel auszubreiten. Zum Glück konnte ich sie noch rechtzeitig davon überzeugen, dass sie damit in den Augen ihres Enkels nicht zum Fußballexperten aufsteigen würde.

Mein Sohn ist Fan von Werder Bremen, mein Mann liebt den FC Schalke 04. Entsprechend sehen die Ergebnisse von Cornelius' Bundesligaspielen aus. Mit Rücksicht auf alle Bayern-Fans verschweige ich hier lieber den Tabellenplatz, den die Münchner Superstars bei Cornelius belegen. Die Entscheidung, wer das imaginäre Feld als Sieger verlässt, fällt Sohnemann nur dann schwer, wenn Papas Lieblingsmannschaft gegen seine eigene antritt. Dann erscheint ein schuldbewusster Zwölfjähriger mit Trauermiene bei Papa im Arbeitszimmer und beichtet, dass Schalke schon wieder ganz knapp mit 6:7 verloren hat. Und widmet sich erleichtert seinem nächsten Match, sobald Papa ihm versichert, dass er darüber nicht sonderlich traurig ist. Wie sollte er auch, wo er doch noch im Siegesrausch des Schalker Kantersiegs vom Vortag gegen Dortmund schwelgt?

Über solche Spielergebnisse wundern wir uns schon lange nicht mehr. Wir fragen uns nur noch, wieso Cornelius seine Matchs auch im Januar noch mit dem »Kicker« in der Hand bestreitet. Es muss reine Gewohnheit sein, denn den Inhalt des Magazins kennt unser Sohn spätestens vier Wochen nach Saisonstart auswendig. Wir könnten ihn nachts um drei Uhr wecken und fragen, wann und wo Claudio Pizarro geboren wurde, wie groß der größte Spieler von Eintracht Frankfurt ist, wer den Torrekord beim VfB Stuttgart hält, und wie der zweite Ersatz-Torhüter des FC Energie Cottbus heißt. Cornelius weiß das alles.

Wie ein echtes Fußballspiel aussieht, weiß er erst seit kurzem. Dieses Jahr fällt der Saisonstart mit unserer Rückfahrt aus dem Urlaub zusammen, und die führt uns von Cuxhaven direkt über Bremen. Sobald feststeht, dass Werder Bremen ein Heimspiel hat, besorgt Martin vier Karten für das Spiel.

Cornelius ist begeistert. Er packt seinen grün-weißen Fanschal, die Werder-Kappe und sein Trikot ein und kann schon Tage vorher kaum noch an etwas anderes denken. Was würde er sagen oder tun, wenn ihm Claudio Pizarro leibhaftig in der Stadt begegnen würde?

Darüber braucht er sich allerdings keine Gedanken zu machen; sein größter Star wird dann wohl in der Mannschaftsbesprechung sitzen und nicht seelenruhig durch die Fußgängerzone spazieren. Das sieht Cornelius schnell ein.

Mit etwas anderem, wesentlich Naheliegenderen, hat er allerdings nicht gerechnet: Er, der sonst meist der einzige Werder-Fan auf weiter Flur ist, begegnet plötzlich lauter Menschen in grün-weißen Trikots, mit grün-weißen Schals oder grün-weißen Kappen. Begeistert beginnt er zu zählen, wie viele Werder-Fans er entdeckt. Aber bald kommt er durcheinander. Standen dort in der Seitenstraße nun acht oder neun? Hat er diesen Vater samt Sohn nicht schon vorhin mitgezählt? Oder waren das andere gewesen? Und hatte er jetzt schon 312 Gleichgesinnte gefunden, oder waren es erst 302?

Wir versuchen, unserem kleinen Bremer klar zu machen, dass er in einer halben Stunde mit etwa 41 000 Werder-Fans im Stadion sitzen wird. Vergeblich. Das ist so unvorstellbar für ihn, dass er stur und begeistert weiter zählt. Erst, als wir uns in die Straßenbahn in Richtung Weserstadion zwängen, geht Cornelius auf, was es bedeutet, zu einem Heimspiel seiner Lieblingsmannschaft unterwegs zu sein: Er fällt in seiner Fankluft überhaupt nicht mehr auf, ist eher noch mager ausstaffiert im Vergleich zu den Fahnen-schwingenden Fanclubs. Diese Erkenntnis überwältigt ihn dermaßen, dass er darüber das Zählen für ein paar Minuten vergisst. Als er sich wieder daran erinnert, hat er schon so viele Werder-Fans ungezählt vorbeiziehen lassen, dass er das Zählen ganz aufgibt.

Und dann ist es so weit: Wir sitzen in der dritten Reihe, haben Marco Marin beim Eckstoß oder Sebastian Boenisch beim Warmlaufen fast greifbar vor uns. Cornelius reiht sich strahlend ein in die riesige Fangemeinde. Er springt auf, wann immer wegen irgendeiner spektakulären Aktion ein Raunen durchs Stadion geht. Singt mit, sobald eine Gruppe Fans ihren Schlachtengesang anstimmt. Winkt mit seinem Schal, wenn der Stadionsprecher dazu aufruft. Seine Augen glänzen vor Glück, die Wangen glühen vor Begeisterung, und auf der Weiterfahrt schläft das Kind vor Erschöpfung gleich ein.

Wir sind einfach glücklich, dass wir ihm zu diesem Erlebnis der Extra-Klasse verhelfen konnten.

Oder hätten wir das doch nicht tun sollen? Denn Cornelius ist lernfähig, besonders in Sachen Fußball. So hat er rasch festgestellt, dass bei seinen täglichen Matchs bisher der Stadionsprecher und das gesamte Publikum gefehlt haben. Das wird nun schleunigst geändert!

Die Rolle des Stadionsprechers übernimmt er selbst. Nun wird vor jedem Spiel lautstark die Aufstellung verkündet. Nach jedem Tor teilt er nicht nur den neuen Spielstand mit, sondern bejubelt den Torschützen mit einem dreimaligen »Markus …«, auf das das Publikum mit einem gegrölten »Rosenberg« antworten sollte. Nur kann Cornelius zwar locker 22 Fußballspieler alleine darstellen; für ein Zwiegespräch braucht er dagegen eine weitere Person. Also weist er mir die Rolle der 41 000 Fans zu. Und ich als folgsames Publikum antworte auf den »Markus« mit: »Feulner!«

Cornelius ist empört. Markus Feulner spielt beim 1. FSV Mainz 05, und doch nicht bei Werder Bremen!

Der nächste Versuch endet noch desaströser: Bei einem Leverkusener Torschützen namens André fällt mir partout nicht »Schürrle«

als die richtige Publikums-Replik ein, und mit Mohammed aus Hannover kann ich noch weniger anfangen.

Ich fürchte, mein Ansehen bei meinem Sohn sinkt innerhalb weniger Tage fast ins Bodenlose. Was nützt ihm eine Mama, die fließend französisch spricht, aber die Mannschaften der Bundesliga nicht im Kopf hat? Die zwar ein passives Abseits erklären kann, aber nicht weiß, dass ein gewisser Abdellaoue mit Vornamen Mohammed heißt?

Im nächsten Sommerurlaub werde ich wohl umdisponieren müssen. Statt zu schwimmen werde ich mir eine eigene Saison-Sonderausgabe des »Kicker« besorgen und mich damit ausgerüstet an den Strand legen, um sie eingehend zu studieren.

Ob ich es will oder nicht: Es lebe König Fußball!

Zeit zu zweit

Januar 2011

Jacob ist nun siebzehn Jahre alt; in anderthalb Jahren wird er wahrscheinlich von der Schule zur Behindertenwerkstatt wechseln. Falls er dort seinen idealen Arbeitsplatz in einer Außenstelle findet, wird er auch gleich ins Wohnheim ziehen. Aber auch für den Fall, dass er weiterhin nur bis in die Nachbarstadt fahren muss, fassen wir gemeinsam mit Jacob seinen Auszug ins Auge.

»Wollt ihr ihn wirklich ins Wohnheim schicken?«, fragen uns manche Bekannte, wenn wir ihnen von unseren Plänen erzählen. »Es kann doch niemand so gut für ein Kind sorgen wie die eigenen Eltern!« Prinzipiell haben sie damit Recht. Nur ist Jacob eben kein Kind mehr. Er trägt längst unsere Sweatshirts, muss sich rasieren, und plant fröhlich eine eigenständige Zukunft in Werkstatt und Wohnheim.

Daran sind wir nicht ganz unschuldig. Wir wollen auf keinen Fall, dass unsere Söhne so lange im Hotel Mama bleiben, bis wir beim besten Willen nicht mehr für sie sorgen können. Denn dann bliebe für sie im Ernstfall nur noch die Notaufnahme in ein

Heim, das zufällig gerade einen Platz frei hat. Die längst erwachsenen »Kinder« würden von jetzt auf sofort ihr gesamtes gewohntes Umfeld und alle sozialen Kontakte verlieren. Das wollen wir ihnen definitiv nicht antun! Da sorgen wir lieber rechtzeitig dafür, dass sie anderswo ein dauerhaftes gutes Zuhause finden.

»Damit habt ihr ja Recht«, bekommen wir dann zu hören. »Aber es fällt euch doch sicher sehr schwer, euren Sohn fremden Menschen anzuvertrauen?«

Solche Sätze kennen wir schon seit Jacobs Geburt. Mit acht Wochen muss er wieder ins Krankenhaus. Dort soll er sein Ventil ins Gehirn eingesetzt bekommen, damit der Hydrozephalus keinen weiteren Schaden anrichtet.

»Du musst natürlich mit ihm dort bleiben«, erklären Freundinnen mir kategorisch. »Bei Säuglingen lösen schon kurze Trennungen von der Mutter traumatische Verlassensängste aus!«

Für mich ist es schwer vorstellbar, auf einem Feldbett im Krankenzimmer inmitten von piepsenden Überwachungsgeräten zu schlafen, und mich tagsüber nur für ein paar Minuten zum Essen hinaus zu schleichen, da von aufgenommenen Mütter die volle Verantwortung für die Versorgung ihres Kindes erwartet wird. Aber alle guten Mütter tun dies, und so werde ich es auch tun müssen.

Aber Martin legt dagegen ein entschiedenes Veto ein. Ich sei jetzt schon ein einziges Nervenbündel und könne unserem Kind besser beistehen, wenn ich als ausgeschlafene, ausgeglichene Mutter nur tagsüber bei ihm sei. Widerstrebend beuge ich mich Martins Verlangen und meinem Schlafbedürfnis – und bereue es nicht. Ich genieße die babylosen Nächte und tagsüber genug Zeit mit Jacob. Unser Sohn übersteht die mamalosen Nächte im Krankenhaus ebenso folgenlos wie später elternlose Tage bei den Großeltern.

»Ich könnte mich niemals eine Nacht lang von meinem Kind trennen«, erzählen mir andere Eltern. Ich folgere aus solchen Sätzen, dass ich mich nicht als Gluckenmutter eigne, und mache mir nach den ersten Krankenhaus-Erfahrungen kein schlechtes Gewissen deswegen.

Als Jacob mit gerade einmal drei Jahren das erste Mal bei Tante Erika und Onkel Helmut übernachten will und darf, lassen wir ihn fröhlich ziehen und verschwenden die ganze Nacht keinen Gedanken daran, wie es unserem Großen gehen würde. Wir wissen ihn in guten Händen und freuen uns einfach sowohl über die abgenommene Arbeit als auch über die Begeisterung von unserem Sohn und seinen Ersatz-Großeltern.

Kaum sind wir nach Görlitz umgezogen, gehen wir gleich mehrere Schritte weiter: Wir suchen einen Bibelgesprächskreis für uns beide, haben aber noch keinen Babysitter. Nach ausführlicher Absprache mit unseren sechs und acht Jahre alten Kindern wagen wir es, sie einen Abend lang alleine zu lassen. Ins Telefon speichern wir unsere Handynummer, üben mit ihnen das Anrufen und fahren los. Es klappt so gut, dass wir uns gar nicht mehr um einen Babysitter bemühen. Andere Eltern bewundern weniger die Selbstständigkeit unserer Kinder als unseren Mut, sie Woche für Woche alleine zu lassen. Was da alles passieren könnte … Wir vertrauen darauf, dass nichts passiert, was nicht durch einen Anruf und unsere sofortige Rückkehr wieder eingerenkt werden könnte.

Es geht tatsächlich gut; die Kinder brauchen das Telefon innerhalb von drei Jahren nur zwei Mal. Das erste Mal haben wir vergessen, unser Handy im Hauskreis anzuschalten. Kurz vor der normalen Aufbruchszeit stellen wir fest, dass Jacob drei Mal die Mailbox angewählt hat – vor einer Dreiviertelstunde. Unter Missachtung sämtlicher Geschwindigkeitsbegrenzungen rasen wir nach Hause. Jacob ist noch wach und berichtet, dass er die Zimmertür aus Versehen über Cornelius' Zeh gezogen habe. Wir versprechen unseren Söhnen hoch und heilig, das Handy künftig gleich bei der Abfahrt anzuschalten. Und sie lassen uns tatsächlich in der folgenden Woche wieder gemeinsam ziehen.

Beim zweiten Mal ist das Handy einsatzbereit. Cornelius ruft an und meldet, ganz wie er es wenige Wochen zuvor im Kindergarten gelernt hat: »Entschuldigung, das ist ein Notruf.« Jacob ist hingefallen und hat sich das Knie aufgeschürft. Wir beruhigen die Jungen, brechen sofort auf und verarzten das Knie.

Mehr ist nie passiert. Unsere Kinder haben nie verzweifelt bei der Polizei angerufen, sind nicht im Schlafanzug auf die Straße gelaufen und haben sich auch nicht gegenseitig erschlagen. Unsererseits haben wir viel von den Hauskreisabenden profitiert, sowohl geistlich als auch als Ehepaar. Und davon profitieren wiederum die Kinder.

Zusätzlich entdecken wir in Görlitz, welch ein Segen in den drei Buchstaben FED stecken kann. Sie stehen für »Familienentlastenden Dienst«. Dieser übernimmt im Rahmen der Verhinderungspflege die Fürsorge für behinderte Kinder, wenn die Eltern krank sind oder einmal Zeit für sich brauchen. Jacob und Cornelius werden sofort warm mit den Mitarbeiterinnen und verbringen manchen spannenden Samstag im FED. In dessen Räumen kann man auch übernachten. Das nutzen Martin und ich mehrfach und gönnen uns jährlich einen Ehe-Auffrischungs-Kurzurlaub.

Wir wissen um genug Ehen, die unter anderem an der zusätzlichen Belastung durch die Behinderung eines Kindes zerbrochen sind. Das ist uns eine deutliche Warnung: So weit wollen wir es nicht kommen lassen!

Durch Martins Beruf und unsere Krankheiten steht der ganz alltägliche Stresspegel in unserer Familie schon weit über Normal-Niveau. Manchmal genügt dann eine Kleinigkeit, um alle Fässer zum Überlaufen zu bringen. Verzweifelte Tränen und gegenseitige Vorwürfe und darauf folgendes Anschweigen inklusive.

Würde das alleine unser Eheleben prägen, täte das niemandem gut; auch nicht unseren Kindern. Ehen wollen gepflegt werden, Ehen mit besonderen Belastungen umso bewusster. Indem man immer wieder den Blick nicht nur auf die Bedürfnisse der Kinder, sondern auch auf die des Ehepartners richtet. Indem man die Kinder guten Gewissens mal einen Abend allein zu Hause oder mal ein Wochenende beim FED lässt.

Ist das egoistisch? Ich denke nicht.

Und selbst wenn es egoistisch wäre, dann wären wir eben egoistisch. Uns selbst zuliebe. Und unseren Kindern zuliebe. Denn wesentlich mehr als unter einem gelegentlichen Alleinsein, das für Jacob und Cornelius längst so selbstverständlich ist wie für die meisten Teenager, würden die beiden unter einer dauerhaft schlechten oder gar zerbrochenen Ehe ihrer Eltern leiden.

Auf eigenen Füßen

Oktober 2011

Es ist etwa zehn Jahre her, dass Jacob den Erzieherinnen in seinem Kindergarten fröhlich verkündet hat: »Meine Mama ist nicht mehr da. Sie ist hoch oben im Himmel, bei Jesus.«

Ein besorgter Anruf bei Martin brachte glücklicherweise rasch Klarheit: Ich war für zwei Wochen nach Israel geflogen. Den Kindern hatte ich erklärt, dass in diesem Land Jesus gelebt hatte. Jacob hatte sich allerdings wesentlich mehr dafür interessiert, dass ich mit dem Flugzeug hoch oben am Himmel durch die Wolken fliegen würde.

Jetzt ist Jacob selbst unterwegs, hoch oben im Himmel, auf dem Weg in das Land, in dem Jesus gelebt hat.

Nein, nicht mit einer Behinderten-Reisegruppe, sondern mit fünfzehn ganz normalen Jugendlichen. In einer Gruppe, von der wir außer dem Leiter-Ehepaar niemanden kennen. Und die Leiter haben Jacob vor vier Jahren das letzte Mal gesehen.

Nun müssen sie zwölf Tage lang mit unserem Ältesten klarkommen. Müssen seine immer noch undeutliche Sprache verstehen, das Tempo der ganzen Gruppe auf seines verlangsamen, sein Taschengeld verwalten und in den Waschräumen der Hostels darauf achten, dass er seine Shampooflasche schließt und sein Handtuch nicht in der größten Wasserlache einfach liegen lässt.

Jacob muss im Zelt oder großen Schlafsälen übernachten, die sich nicht so verdunkeln lassen, wie er es von zu Hause gewöhnt ist. Er muss in Restaurants sein Essen alleine auswählen und am Frühstücksbuffet sagen, was ihm die anderen mitbringen sollen. Er muss selbstständig zurechtkommen mit Menschen, die er nicht kennt, in einem Land, dessen Sprache er nicht spricht. Ohne die geringste Chance, mal eben die Eltern zu Hilfe zu holen.

Sind wir eigentlich verrückt? Können wir das Jacob, können wir das dem Leiterehepaar Friedemann und Anita und allen Jugendlichen überhaupt zumuten?

Hätte Martin vor gerade einmal sechs Wochen nicht besser einmal seine Neigung zu flapsigen Sprüchen gezügelt und diese eine Frage nicht gestellt, die alles ins Rollen brachte?

Er hat doch nur für eine kurze Information beim CVJM Görlitz angerufen. Dabei kam er wie so oft mit der Sekretärin, die wir noch gut kennen, ins Erzählen. Irgendwann erzählte Claudia von dem Problem, an dem sie gerade knabberte: Demnächst würde eine Jugendgruppe nach Israel fliegen. Diesmal stünden nicht nur touristische Ziele auf dem Programm, sondern vor allem die Begegnung mit behinderten Jugendlichen aus einem Kibbuz bei Haifa und aus einer vom CVJM Deutschland geförderten Einrichtung in Beit-Jalah bei Bethlehem. Solche Integrationsreisen werden staatlich gefördert; allerdings fiel eine Reiseteilnehmerin aus Altersgründung aus der Förderung heraus. Da noch zwei Plätze frei waren, würde man sie gerne mitnehmen, aber das würde die Finanzierung für das gesamte Projekt gefährden.

Martin hatte gleich eine Lösung für Claudia parat: Begleitpersonen für Behinderte werden ohne Altersbeschränkung gefördert. Und prompt kam die entscheidende Frage: »Sollen wir euch einen Behinderten mitschicken?«

Vom Alter her kam nur Jacob in Frage: Selbstbewusst, unternehmungslustig, ohne jede Scheu vor Neuem und fremden Menschen. Aber auch mit einem Ausweis, der ihm 100 Prozent Behinderung, eine außergewöhnlich starke Gehbehinderung, Hilfsbedürftigkeit sowie die Angewiesenheit auf Begleitung bescheinigt.

Konnten, sollten wir das wagen?

Als erstes mussten sich natürlich Friedemann und Anita dazu äußern. Sie stellten Dutzende Fragen zu Jacobs Selbstständigkeit und besonderen Bedürfnissen. Zum Glück konnten wir auf mehrere Rollstuhl-lose Urlaube verweisen, auf Jacobs völlig eigenständiges Waschen und Umziehen morgens und abends, sowie auf Verlässlichkeit und Pünktlichkeit bei allem, was ihm wichtig ist. Und auf solch einer Reise würden ihm die Regeln für die Gruppe ganz besonders wichtig sein.

Wir erkundigten uns nach dem Programm: Es waren keine größeren Wanderungen geplant, und nur zwei Umzüge von Jerusalem nach Tabgha am See Genezareth und wieder zurück. In Tabgha würde man mit den zwei Behindertengruppen und einer Schulklasse aus Ibbenbüren zusammentreffen und gemeinsam die Tage gestalten. Also immer behindertengerecht.

Wir holten drei Mal tief Luft und fragten Jacob, ob er Lust habe. Natürlich hatte er!

Für den Fall, dass er im Gedränge in der Jerusalemer Altstadt verloren gehen sollte, bastelte Martin ihm ein kleines Schild mit Friedemanns Handynummer und der Bitte um Hilfe auf Englisch. Das konnte er um den Hals mit sich tragen und bei Bedarf dem nächstbesten Menschen unter die Nase halten. Außerdem bekam er ein rotes Basecap, das ihm prima steht, und an dem man ihn im Notfall besser erfragen oder in Menschenmengen entdecken kann.

In letzter Minute beantragten wir einen Reisepass für unseren Ältesten und bestellten Ersatz für seine durchgelaufenen Orthesenschuhe. Einen Tag vor Jacobs Abflug war alles Nötige beisammen, und so sitzt Jacob nun im Flieger nach Tel Aviv und quasselt bestimmt voll freudiger Erregung seinen Sitznachbarn die Ohren ab.

Solange man nichts Gegenteiliges hört, kann man davon ausgehen, dass alles seinen normalen Gang geht. Dieses Prinzip für Eltern, die ihre Kinder alleine auf Reisen schicken, haben wir von meinen Eltern übernommen und auch mit Friedemann vereinbart. Am ersten Tag in Jerusalem ruft er uns trotzdem an und verkündet, dass alles prima läuft mit Jacob.

Danach hören wir nichts mehr. Nur anhand der Reiseplanung verfolgen wir, wo sich unser Sprössling gerade aufhält, und stellen Mutmaßungen darüber an, was er gerade macht.

Wie die Jugendlichen wohl auf Jacobs Frage- und Mitteilungsbedürfnis reagieren?

Ob er in der Grabeskirche die Tragweite des dortigen Geschehens erfasst? Ob er anfängt, Gebetszettel aus den Ritzen der Klagemauer herauszufingern? Oder ob er sich mehr dafür interessiert, wer aus seiner Gruppe mit welchem Auto zum Flughafen gekommen ist?

Wobei wir uns diese Fragen eher aus Interesse als aus Sorgen stellen. Solange wir nichts hören, wird Jacob sich gut durchschlagen beziehungsweise genug Hilfe von seinen Mitreisenden bekommen.

Näheres erfahren wir erst bei Jacobs Rückkehr am Flughafen Berlin-Tegel. Jetzt kommt bei mir doch so etwas wie Nervosität und Rührung hoch. Gespannt drängen wir uns in die Ecke, von der aus man auf das Gepäckband blicken kann, um das sich die Reisenden versammeln. Wir hätten es uns denken können: Über das allgemeine Murmeln hinweg hören wir Jacobs Stimme, noch bevor wir sein rotes Basecap in der Menschenmenge ausfindig machen.

Und dann kommt unser großer, selbstständiger Sohn durch die Passkontrolle nach draußen!

Kaum hat er uns entdeckt, ruft er uns zu, was für ihn das Wichtigste aus zwölf Tagen Israel-Reise ist: »Traurige Nachricht: Wir haben uns getrennt!«

Dann bleibt Jacob mitten im Strom der Passagiere stehen, setzt seinen Rucksack ab und kramt etwas daraus hervor: Sein Mitbringsel für uns aus Beit-Jalah. Es ist eine Krippe aus Olivenholz, dazu einige Christbaumanhänger. Auf Anregung von Friedemann hat er das alles selbst ausgesucht. Und zielsicher unseren Geschmack getroffen. Wow, das hätten wir Jacob nicht zugetraut. Dieser genießt sichtlich unsere Überraschung und Freude über sein Geschenk. Und erzählt eifrig weiter: Eric und Friedemann mussten mit den Handys telefonieren. Der Bus hatte einen Unfall. Die Straßenbahn hat gestreikt.

Nach etwa 38,7 Rückfragen bekommen wir mit Friedemanns Hilfe heraus, was Jacob uns berichten möchte: Auf der Fahrt zum Toten Meer hat ein Teil der Gruppe den ersten Linienbus nicht mehr erreicht und musste den nächsten nehmen. Per Handy haben sie sich verständigt, an welcher Haltestelle sie aussteigen würden. Dann hat der erste Bus, in dem auch Jacob saß, einen Blechschaden an einem parkenden Auto verursacht und musste deshalb kurz anhalten – für Jacob die Sensation der Reise.

Ob Jacob auch im Toten Meer geschwommen ist? Unser Sohn erklärt, dass er stattdessen in »richtigem Wasser« war. Friedemann bestätigt Jacobs Bericht: Aus Angst, Jacob könne vornüber in das aggressive Salzwasser stürzen, ist er mit Jacob und zwei weiteren Jugendlichen zur Oase EnGedi gelaufen, statt sich vom Toten Meer tragen zu lassen.

Und der Straßenbahn-Streik? Ja, in Jerusalem gibt es seit einigen Jahren eine Straßenbahn. Die wurde genau an dem Tag bestreikt, als die Gruppe damit zum Holocaust-Museum nach Yad Vashem fahren wollte.

Yad Vashem? Mir fährt ein Schreck in die Glieder. Wie hat Jacob sich denn dort benommen? Mit den Hunderten von Bildern und Informationstafeln konnte er natürlich nichts anfangen; umso mehr und aufdringlicher wird er geredet haben. Etwa auch in der Gedenkhalle für die Kinder, in der absolute Stille von den Besuchern nötig ist?

Anita beruhigt uns: Sie ist mit Jacob draußen geblieben aus diesem eindrücklich-bedrückenden Raum. Und dann überreicht Jacob mir eine Anstecknadel in Form eines aufgebogenen Stacheldrahts. Die bekommen »besondere Besucher« in Yad Vashem geschenkt. Jacob war als Behinderter offensichtlich für das Museumspersonal kein potentieller Ruhestörer, sondern ein »besonderer Besucher«. Natürlich, als Behinderter hätte er während der NS-Zeit wahrscheinlich das Schicksal der Juden geteilt ...

Bei diesem Gedanken muss ich meinen Sohn einmal ganz fest in den Arm nehmen.

Ein ums andere Mal versichern uns Anita und Friedemann, dass alles prima geklappt hätte mit unterem Sohn. Nein, sein Notfallschild hat er nicht gebraucht. In der Gruppe, die sich ja schon vorher auf eine Begegnung mit Behinderten eingestellt hatte, hatten sich schnell Jugendliche gefunden, die sich um Jacob kümmerten.

Nur ein Jugendlicher gesteht uns, dass er nicht sonderlich begeistert war, bei Sonnenaufgang morgens um sechs Uhr von einem putzmunteren Jacob daraufhin untersucht zu werden, ob er noch schliefe.

Martin kann sich ein Grinsen nicht verkneifen. Es war also doch unser Kind, und nicht irgendein Unbekannter, der mit dieser Jugendgruppe durch Israel gezogen war.

Viel mehr erfahren wir nicht.

Die Görlitzer müssen los, und Jacob nimmt sich vor, nachträglich ein Reisetagebuch in seinen Computer zu tippen. Mit dem Hinweis, dort könnten wir dann alles nachlesen, verweigert er von nun an hartnäckig jede Auskunft.

Von da an sitzt Jacob sofort nach Schulschluss am Computer, aber lässt wirklich keinen Blick auf das Geschriebene zu. Wir sollen erst lesen, wenn alles fertig ist.

Und das dauert, da unser Sohn seine Texte nur am Abend abspeichert. Erwischt er da die falsche Taste, verschwindet die Arbeit eines ganzen Nachmittags in den Untiefen der Cyberwelt.

Aber irgendwann hat er es doch geschafft. Wir lesen mindestens drei Varianten der getrennten Busfahrt, einen ausführlichen Bericht des Unfalls und von der Entdeckung eines PKW mit deutschem Kennzeichen. Wir erfahren, welche der Mädchen immer wieder auf das Dach des Hostels in Jerusalem gestiegen sind, um dort zu rauchen. Immerhin berichtet Jacob auch vom Bau eines Daches aus Palmwedeln in Tabgha, um darunter das jüdische Laubhüttenfest zu feiern.

Andere Dinge schreibt Jacob erst dazu, als wir ihn danach fragen: Die Gruppe hat von Jerusalem aus die Behinderten-Werkstatt und Reha-Einrichtungen in Beit-Jalah besucht und dort die neuen Bekannten vom See Genezareth wieder getroffen.

In der Grabeskirche und an der Klagemauer in Jerusalem war Jacob auch gewesen. Er ist sogar in die angebliche Grabkammer hineingegangen, musste aber angesichts der langen Schlange davor gleich wieder heraus. Nun hört er mir staunend zu, als ich ihm erkläre, dass auch der tote Jesus nicht lange dort drin geblieben ist.

Jeden Morgen haben Anita oder Friedemann eine Andacht gehalten und von Ereignissen erzählt, die zu biblischen Zeiten an dem Ort geschehen waren, an dem sie sich gerade befanden.

Auch an die Geburtskirche in Bethlehem erinnert Jacob sich: Die Treppen hinunter zu den angeblichen Geburtsgrotte hat er ganz alleine bewältigt, obwohl an seiner Seite kein Geländer war. Sein Satz: »Dort war also das erste Weihnachten« zeigt uns, dass Jacob doch mehr mitgenommen hat von seiner großen Reise als die Erinnerung an verpasste Busse und bestreikte Straßenbahnen.

Wie viel an zusätzlichem Selbstvertrauen und Eigenständigkeit er von seiner ersten Solo-Reise mitgebracht hat, werden wir wohl erst im Laufe der nächsten Monate erkennen.

Martin und mir hat sie schon einmal die Erkenntnis gebracht, dass wir nicht zu viel Vertrauen in unseren Sohn gesetzt hatten, als wir ihn auf seine große Reise geschickt haben. Nein, bei solchen Unternehmungen können wir uns wirklich auf unseren Großen verlassen.

Auch der Gruppe haben wir wohl wirklich nicht zu viel zugemutet, als wir ihnen Jacob anvertraut haben. Das erlebe ich beim Nachtreffen ganz praktisch: Unser Sohn wird von allen anderen freudig begrüßt, und niemand stört sich an seinen stürmischen Umarmungen.

Jacob setzt sich neben den jungen Mann, der den Beamer für die Fotos bedient. Ich will mir einen Stuhl holen und mich dazu setzen, als dieser meint, das sei doch nicht nötig. Auf meinen Einwand, Jacob könne durchaus mal eben in die Tasten des Laptops greifen, meint der junge Mann: »Wir kennen Jacob doch. Machen Sie sich keine Sorgen, ich komme schon mit ihm klar.« Spricht's und behält Recht.

Die Redeschwälle, mit denen Jacob die Jugendlichen überfällt, werden mit Gleichmut ertragen oder mit sanftem Nachdruck beendet.

Ich bin ehrlich beeindruckt davon, wie gut die Teenager nach so kurzer Zeit mit Jacob zurechtkommen, und wie selbstverständlich sie ihn in ihre Gruppe hineingenommen haben. Natürlich hat es geholfen, dass zwei Reiseteilnehmerinnen eine pädagogische Ausbildung und bereits Erfahrungen mit Behinderten hatten, und natürlich haben Anita und Friedemann das Ihre dazu beigetragen. Selbstverständlich ist es trotzdem nicht.

Sondern einfach schön und ermutigend. Sowohl für uns als Eltern als auch für unseren großen, immer selbstständiger werdenden Sohn.

Food-Fingern

März 2012

Die deutsche Sprache ist an vielen Stellen unlogisch. Beispielsweise bei den Begriffen für Körperteile und die Aktivität, für die sie zuständig sind. Unser Gehirn gehirnt ebenso wenig wie das Herz herzt, die Füße laufen statt zu fußen, und die Nase riecht statt zu nasen. Nur bei den Händen kehrt die Logik zurück: Mit ihnen kann man handeln. Und die Finger sind zum Fingern da.

Davon ist zumindest jedes dreijährige Kind überzeugt. Und unser inzwischen siebzehnjähriger Sohn.

Seit vierzehn Jahren besteht die Hälfte der Zeit, die ich mit Jacob verbringe, darin, dass ich seine Finger von Gerätschaften wegnehme, an denen sie nichts zu suchen haben. Und die Hälfte der Zeit, die ich zwischen den Besuchen meiner Putzhilfe mit Reinigungsarbeiten verbringe, muss ich den Spuren von Jacobs Fingern widmen.

Als mein Ältester noch ein Kindergartenkind war, hätte es mich nicht im Geringsten überrascht, wenn er auf die Frage nach seinem Nachnamen »Lassdas« geantwortet hätte. Schließlich hat er von seinen Eltern wesentlich häufiger »Jacob, lass das!« zu hören bekommen als »Jacob Zinkernagel«.

Heute befürchte ich das nicht mehr. Aber nur, weil Jacob seinen Nachnamen längst kennt.

Dabei meint Jacob es eigentlich gut; er will doch nur helfen.

Entdeckt er einen Wasserfleck in der Spüle, will er ihn beseitigen. Das tut er, indem er ihn mit Wasser wegspült. Wenn ich nicht in der Nähe bin, versucht Jacob eine halbe Stunde lang, das Becken trocken zu spülen, und hat dabei jede Menge Spaß.

Komplettes Chaos in seinem Zimmer stört unseren Sohn nicht im Geringsten. Umso intensiver widmet er sich regelmäßig einem kleinen blinden Fleck an der Fensterscheibe. Eifrig versucht er, ihn mit Hilfe von Spucke wegzuwischen. Die Spucke hinterlässt Spuren. Also braucht Jacob weitere Spucke, um die Spuren der ersten zu beseitigen. Und so weiter und so fort ... Zum Glück hat die Scheibe feste Grenzen, die auch die Fenstermalerei begrenzen.

Auch bei Tisch zeigt sich Jacob von seiner reinlichen Seite, indem er mit seinen Fingern allen möglichen Fettflecken zu Leibe rückt: Nicht nur denen von der Butter, die versehentlich auf dem Frühstücksbrettchen statt auf dem Brot gelandet ist, sondern auch dem Fett im Aufschnitt, der für alle in die Mitte des Tischs gestellt wurde. Inzwischen wählen wir sorgfältig aus, welche Lebensmittel in Jacobs Reichweite platziert werden können.

Eierschalen oder Käserinde nehmen wir sofort an uns, da sie sonst innerhalb von wenigen Minuten atomisiert werden.

Sobald Jacob satt ist, räumen wir seinen Teller ab. Denn so viel Mühe er sich auch gibt, er hinterlässt keinen Teller so sauber, das man ihn zurück in den Schrank stellen könnte. Das schaffen nur unsere Katzen, und Jacob ist nun mal ein Mensch. Er verfügt über keine höchst bewegliche Katzenzunge, also muss er für seine Reinigungsversuche andere Körperteile nehmen. Sie ahnen sicher schon, wofür Jacob sich regelmäßig entscheidet … Malen mit den Resten der Tomatensauce ist neben dem Tagebuchschreiben am Computer und Wasserspielen in der Küche eine der wenigen Tätigkeiten, mit denen Jacob sich stundenlang hoch konzentriert beschäftigen kann.

Sollte Jacob einmal keinen einzigen Wasser-, Fett- oder blinden Fleck für seine Reinigungsarbeiten finden, produziert er eben selbst welche. Vorzugsweise mit Zahnpasta. Denn die hinterlässt so wunderschön sichtbare weiße Spuren auf Spiegel, Waschbecken und Kleidungstücken. Außerdem ist sie jederzeit ohne größere Anstrengungen zu bekommen, denn aus mir schleierhaften Gründen sind unsere Söhne nicht fähig, eine Zahnpastatube nach Gebrauch wieder zu verschließen.

Ich habe mit allen Mitteln versucht, ihnen nahe zu bringen, wie einfach sich ein Deckel auf eine Tube schrauben lässt: Mit mehrmaligem Erinnern an jedem Abend, mit Schimpfen im Nichterfüllungsfall, mit einem Punkt auf ihrer Belohnungstafel im Erfüllungsfall. Es war alles umsonst, die Zahnpastatuben bleiben offen. Anscheinend ist es für Jacob und Cornelius einfacher, Abend für Abend zum Werkzeugkasten zu laufen, dort einen Schraubendreher herauszunehmen, und damit den eingetrockneten Pfropfen der Zahnpasta zu durchbohren.

Oder sie machen das mit voller Absicht, um bei Bedarf sofort ein geeignetes Schmiermittel für ihre Fingerspiele zur Verfügung zu haben. Beschwere ich mich darüber, dass Jacob eine komplette Tube Zahncreme innerhalb von drei Tagen verbraucht hat, bekomme ich nur die lapidare Antwort: »Die war doch eh nur noch drei Viertel voll.«

Sollten jemals Statistiker unseren Verbrauch an Zahnpasta in ihre Erhebungen einbeziehen, würde in jenem Jahr der durchschnittliche jährliche Pro-Kopf-Verbrauch in Deutschland sprunghaft nach oben schnellen.

Über unseren Wasserverbrauch schweigen wir uns hier lieber aus. Ich vermute, dass Jacob sich nur zu Hause so intensiv seinen Wasserspielen widmet. Würde er das auch in der Schule tun, würde diese die Hälfte ihrer Wasserrechnung direkt an uns schicken lassen.

A propos Jacobs Schule: Diese führt demnächst eine Neigungswoche durch, für die jeder Schüler sich einen praxisorientierten Workshop aussuchen konnte. Jacob hat sich für »Fingerfood und mehr« entschieden. Das wundert uns nicht im Geringsten, obwohl Jacobs Motorik ihm nicht erlauben wird, Crackerplatten zu dekorieren. Jacob stellt sich unter dem Begriff »Fingerfood« wohl etwas nicht ganz Zutreffendes vor. Er will dort garantiert seine Fähigkeiten im Foodfingern weiter ausbauen. Auf das Ergebnis sind wir schon sehr gespannt.

Offener Brief an Gott 5

April 2012

Es ist jetzt vierzehn Jahre her, dass ich einen bestimmten Vers aus meiner Bibel herausschneiden wollte. Ich habe noch die gleiche Bibel wie damals, aber alle Seiten sind noch unversehrt. Ich kann ihn also immer noch jederzeit lesen, jenen Vers von Paulus aus dem achten Kapitel des Römerbriefs: »Wir wissen aber, dass denen, die Gott lieben, alle Dinge zum Besten dienen.«

Ich kann ihn sogar wieder lesen, ohne dass es mich in den Fingern juckt, die entsprechende Bibelseite zu Konfetti zu verarbeiten.

Aber dass die Behinderung unserer Kinder unser Familienleben zum Besten gewandt hätte oder dass gar das Leben mit ihrer Behinderung das denkbar Beste für Jacob und Cornelius wäre, das kann ich beim besten Willen nicht sehen.

Und nein, ich werde diesen Vers auch weiterhin niemals jemandem sagen oder schreiben, der gerade vor den Trümmern all seiner Lebenshoffnungen steht. Was Paulus da geschrieben hat, darf jeder eigentlich nur im Blick auf sein eigenes Leben sagen, als eigene Erkenntnis. Der Versuch, eine andere Person mit dieser Aussicht trösten zu wollen, wird in der Regel das Gegenteil von Trost erreichen.

Hättest du Paulus damals nicht wenigstens daran hindern können, das Ganze auch noch mit unserer Liebe zu dir zu verbinden? Wenn *denen, die Gott lieben,* alles zum Besten dient – was ist denn dann mit Leuten wie mir, die dieses Beste einfach nicht so entdecken können? Die sind dann wohl doppelt dumm dran: Sie müssen nicht nur mit dem Mist in ihrem Leben fertig werden, sondern sind auch noch selbst schuld daran. Einfach deshalb, weil sie dich anscheinend nicht gut genug lieben.

Kein besonders tröstlicher Gedanke.

Oder meint Paulus vielleicht doch etwas anderes? Schließlich dient jeder Mist auch als Dünger.

In den letzten Jahren habe ich mit vielen Menschen lange, tiefschürfende Gespräche geführt, die ähnliche Totalschäden in ihrer Lebensplanung verarbeiten mussten wie ich. Vor zwanzig Jahren hätte ich wahrscheinlich nicht viel mehr als platte Hilflosigkeiten zu sagen gewusst. Nun kann ich ihnen einfach von mir erzählen. Davon, dass sie nicht die einzigen sind, die Gott am liebsten ohrfeigen würden dafür, dass er ihre Katastrophe nicht verhindert hat. Davon, dass Gott das aushält. Und davon, dass man an diesem Punkt nicht stehen bleiben muss.

Einige Menschen konnte ich mit dieser Perspektive trösten und ihnen neue Zuversicht vermitteln. Ohne meine eigenen bitteren Erfahrungen wäre das unmöglich gewesen.

Daraus ergibt sich aber gleich die nächste Frage: Ist der Preis für diesen Dünger nicht viel zu hoch? Musstest du zwei Kinder behindert zur Welt kommen lassen, nur damit ein paar Menschen von der Mutter ein wenig Seelsorge bekommen können?

Wenn dem so ist, hättest du mich wenigstens vorher um Erlaubnis fragen sollen. Und ich hätte sie dir garantiert nicht erteilt.

Oder muss ich das Ganze anders herum sehen? Du belädst nicht das Leben bestimmter Menschen mit Mist, damit diese ein wenig Dünger daraus machen. Das brauchst du gar nicht; es existiert sowieso schon viel zu viel Schlimmes in dieser nicht-paradiesischen Welt. Und jeder Mensch bekommt irgendwann eine Ladung davon mit.

Manchmal schaffst du den Mist durch ein Wunder wieder fort. Aber nur ausnahmsweise. Denn wenn ein Wunder die Regel wäre, wäre es ja kein Wunder mehr …

Oder tust du doch wesentlich mehr Wunder, als man auf den ersten Blick sieht? Und zwar in all den Fällen, in denen du den Betroffenen die Kraft schenkst, auch mistbeladen weiter zu leben und zu glauben, und manchmal den Mist als Dünger zu nutzen?

Ich habe gerade überlegt: Fällt mir auch nur ein großer Glaubensheld der Kirchengeschichte ein, bei dem alles im Leben glatt verlaufen ist? Schon auf Paulus trifft das nicht zu, und auch nach ihm weiß ich keinen.

Stattdessen kenne ich einige Menschen, die in ihrem Leben ganz heftige Schicksalsschläge hinnehmen mussten, und die mich durch die Tiefe und Festigkeit ihres Glaubens stark beeindruckt haben. Trotz allem – oder vielleicht gerade deswegen?

Brauchen wir Menschen Grenzerfahrungen, um zu reifen?

Das würde in letzter Konsequenz bedeuten, dass deine Rolle in dem ganzen Geschehen gar nicht dort liegt, wo man sie normalerweise vermutet, nämlich bei der Entstehung des Lebens-Mistes. Du trittst erst richtig auf den Plan, wenn ich, enttäuscht und verzweifelt, mutlos und hoffnungslos, vor meinem schier unüberwindlichen Misthaufen stehe. Dann streckst du mir deine Hand hin, bietest deine Hilfe an, um mein Leben unter radikal veränderten Umständen neu unter die Füße zu bekommen. Da willst du in mir arbeiten, um meinen Glauben von dahingesagtem »Ja-Ja«-Vertrauen in vertieftes »Dennoch«-Vertrauen zu wandeln. Da bist du es, der anfängt, den Mist in Dünger umzuwandeln.

Ich bin tatsächlich nicht mehr die Sabine von vor vierzehn Jahren. Mein Glaube ist auch nicht mehr derselbe. Er und ich sind schwierige Wege gegangen und wären manchmal fast versunken in dem riesigen Misthaufen namens »CRASH-Syndrom«. Schwierig sind die Wege manchmal immer noch, und ich werde sie ganz bestimmt niemals als das Beste bezeichnen, was mir hätte passieren können. Wohl aber habe ich inmitten von diesem Nicht-Besten Gutes von dir erfahren: Du hast mich in all diesen Jahren nicht vor dem Hinfallen, wohl aber vor dem Liegenbleiben bewahrt. Du hast meinen Glauben vertieft, mir neue Einsichten in meine Begrenztheit und in deine Größe geschenkt. Du hast immer wieder einmal meinen Mist als Dünger genutzt. Für mich und für andere.

So etwas kann man allerdings immer nur im Rückblick sehen. Vielleicht ist das Paulus leichter gefallen als mir. Aber wahrscheinlich hat er genau das gemeint mit seinem Satz: »Wir wissen aber, dass denen, die Gott lieben, alle Dinge zum Besten dienen.«

Dann hätte er doch etwas Richtiges, Gutes gesagt.

Ich glaube, ich werde diesen Vers auch weiterhin nicht aus meiner Bibel herausschneiden. Er darf ruhig darin stehen bleiben. Nicht nur der Vollständigkeit halber.

NEUFELD VERLAG

n ⓥ

Die Geschichte von Prinz Seltsam

Text: Silke Schnee, Ill.: Heike Sistig

Es gibt nichts Schöneres auf der Welt, als Kinder zu haben. Und so freut sich das Königspaar auf sein drittes Kind. „Er sieht ein bisschen seltsam aus", findet der König, als Prinz Noah zur Welt kommt. „Er ist anders als die anderen", meint auch die Königin. Doch bald merken sie, dass er ein ganz besonderer Mensch ist.

Als der kleine Prinz Seltsam den Angriff des Schwarzen Ritters auf seine Weise abwehrt und das ganze Volk damit rettet, entdecken schließlich alle: Wie gut, dass jeder anders ist!

Ein Bilderbuch für Kinder ab 3 Jahren, das Verständnis weckt für Kinder mit Behinderung.

31 Seiten DIN A4, gebunden, durchgehend farbig, ISBN 978-3-86256-010-3

Folgen Sie dem Neufeld Verlag auch
auf www.facebook.com/NeufeldVerlag
und in unserem Blog: www.neufeld-verlag.de/blog

www.neufeld-verlag.de ❤ www.neufeld-verlag.ch

NEUFELD VERLAG

Roland Walter

König Roland

Im Rollstuhl durchs Universum

Ein glücklicher und intelligenter König plaudert aus seinem Leben: Roland Walter kam 1963 mit einer spastischen Lähmung zur Welt und ist ständig auf fremde Hilfe angewiesen. Trotzdem sagt er, er sei ein König – ein König der Lebensfreude.

Lesen sie seinen berührenden Bericht eines einge-schränkten und doch erfüllten Lebens. Die anste-ckende Energie und Ehrlichkeit des Autors, sein un-gebrochenes Vertrauen in Jesus und sein trockener Humor machen dieses Buch zu einer außergewöhn-lichen Autobiografie.

Roland Walter ist gelernter Kaufmann und engagiert sich seit Jahren für ein Miteinander von Menschen mit und ohne Behinderung.

95 Seiten, kartoniert, ISBN 978-3-86256-023-3

Folgen Sie dem Neufeld Verlag auch
auf www.facebook.com/NeufeldVerlag
und in unserem Blog: www.neufeld-verlag.de/blog

www.neufeld-verlag.de ♥ www.neufeld-verlag.ch